Renée Holler

Tatort Geschichte · Spurensuche am Nil

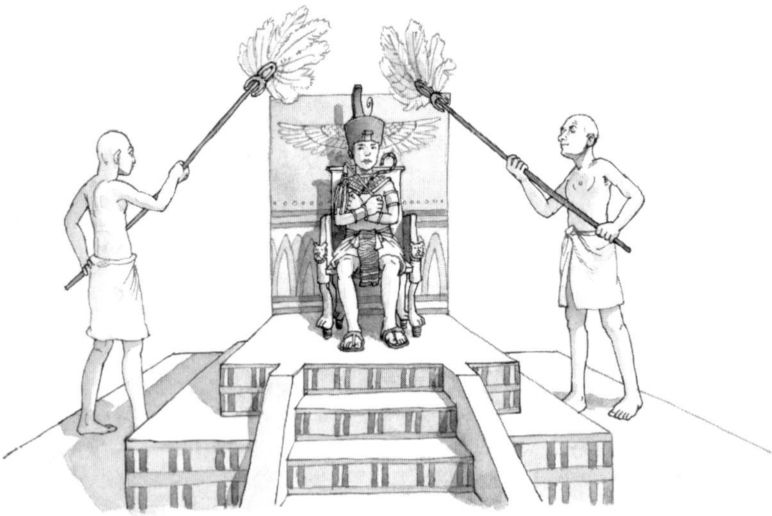

TATORT
GESCHICHTE

Renée Holler

Spurensuche am Nil

Illustrationen von Daniel Sohr

Loewe

Der Umwelt zuliebe ist dieses Buch
auf chlorfrei gebleichtem Papier gedruckt.

ISBN-10: 3-7855-5216-5
ISBN-13: 978-3-7855-5216-2
2. Auflage 2006

Umschlagillustration: Daniel Sohr
Umschlaggestaltung: Andreas Henze
Printed in Germany (007)

www.loewe-verlag.de

Inhalt

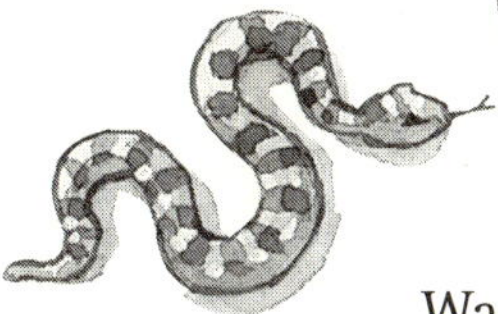

Gift in der Küche

„Was, wenn uns Vater oder einer der Diener hier oben entdecken?“ Hesire war sich nicht mehr sicher, ob es eine gute Idee war, auf dem Hausdach zu schlafen.

„Unsinn“, beruhigte ihn sein älterer Bruder Sobek. „Vater denkt, wir sind längst im Bett. Und die Diener haben heute Abend bestimmt keine Zeit, aufs Dach zu kommen. Die müssen sich um die Gäste kümmern.“

„Sobek hat Recht“, pflichtete ihm Sitamun, die Schwester der beiden Jungen, bei. Sie breitete eine Schilfmatte auf dem Boden aus und strich sie glatt.

Hesire lauschte angespannt. Vom Küchenblock drangen gedämpfte Geräusche zu ihnen hoch, übertönt von der lauten Stimme der Köchin, die dem Personal letzte Anweisungen gab. Er blickte über das flache Dach, das von einer niedrigen Mauer umsäumt war, dann rollte auch er seine Matte aus. Plötzlich horchte er auf. Knirschender Kies und Schritte, die sich dem Haus näherten, waren zu hören.

„Da kommt jemand auf die Treppe zu“, warnte er seine Geschwister.

„Das sind doch nur die ersten Gäste“, lachte Sitamun. Sie duckte sich neben die Mauer und spähte in den Garten hinab.

Vom Dach aus bot sich ein ausgezeichneter Blick auf das Gelände. Neben dem Kiesweg, der vom Eingangstor zum Säulenportal des Hauptgebäudes führte, standen in gleichmäßigem Abstand Alabasterlampen, deren flackerndes Licht sich im Seerosenteich widerspiegelte. Nur die Maulbeerbüsche und die hohen Sykomoren, die entlang der Mauer angepflanzt waren, lagen im Dunkeln.

„Wisst ihr, wer das ist?“, erkundigte sich Sitamun neugierig. Sie deutete auf den Mann, der hinter einem Diener den Pfad entlangschritt. Um den Hals trug er einen breiten Perlenkragen und an den Oberarmen schwere Goldreifen. Dicht hinter ihm trippelte eine zierliche Frau mit üppiger Perücke, die ebenfalls mit kostbaren Juwelen behängt war.

„Das sind Nakhtmin und seine Frau“, flüsterte Sobek. „Nakhtmin arbeitet mit Vater im königlichen Finanzamt.“

Mehr und mehr Gäste kamen an, alle fein herausgeputzt.

„Ich habe Hunger“, stellte Hesire nach einer Weile fest. „Kein Wunder! Riecht ihr das auch?“ Vom Küchenblock wehte der Duft von gerösteten Rinderrippen hoch. „Es wird sicher nicht mehr lange dauern, bis die Diener unten das Gastmahl servieren: Gebratene Täubchen und Wachteln, Nilbarsch mit Lotuswurzelgemüse, Melonen ...“ Hesire lief das Wasser im Mund zusammen.

„Wir hätten uns was Süßes mitbringen sollen“, seufzte Sobek. „Wie konnten wir das bloß vergessen!“

„Noch ist es dafür nicht zu spät“, grinste Sitamun und erhob sich.

„Wie meinst du das?“ Sobek blickte die Schwester fragend an.

„Ich habe heute Früh gesehen, wie die Köchin süße Mandelbällchen gerollt hat. Wir gehen einfach in die Küche und holen uns welche.“

„Süße Mandelbällchen!“ Hesires Augen leuchteten auf. „Das Beste, was es gibt! Allerdings kann ich euch schon jetzt sagen, dass uns die Köchin nichts davon abgeben wird.“

„Die wird uns nicht mal bemerken“, verkündete seine Schwester. Sie lief auf die Stufen zu, die seitlich an der Hausmauer in den Garten hinabführten. „Na los, kommt schon!“

Der Küchenblock befand sich nicht im Wohnhaus, sondern in einem eigenen Bau an der hinteren Mauer. Um dorthin zu gelangen, mussten die Kinder erst einen kleinen Hof überqueren, auf dem unzählige Diener geschäftig hin und her eilten. Tatsächlich schafften sie es, unbemerkt zur Küche zu gelangen, wo ihnen bereits am Eingang heiße Luft und Rauchschwaden entgegenschlugen.

„Wo sind die Mandelbällchen?“, flüsterte Hesire seiner Schwester zu und rieb sich die brennenden Augen.

Doch Sitamun hörte ihn nicht. Sie stand wie versteinert da und starrte auf den Boden. Dann plötzlich stieß sie einen markerschütternden Schrei aus. Die Köchin, die das Anrichten der Rinderrippen beaufsichtigte, drehte sich blitzartig zu den Geschwistern um. Es gab kein Entrinnen mehr.

„Was habt ihr hier zu suchen?“, fuhr sie die drei ärgerlich an. „Verschwindet aus meiner Küche!“

Ohne die wütende Köchin wahrzunehmen, sank Sitamun auf die Knie und schluchzte laut auf.

„Tamiu!“, wimmerte sie, und Tränen flossen ihre Wangen hinab. Vor ihr auf den Fliesen lag die Hauskatze, alle viere von sich gestreckt. Obwohl es im ersten Augenblick so aussah, als schliefe das Tier, war es doch deutlich, dass etwas nicht stimmte. Sitamun streichelte den schlaffen Körper, aber die Katze rührte sich nicht. Inzwischen umringte das gesamte Küchenpersonal neugierig das Mädchen. Da klatschte die Köchin in die Hände.

„Zurück an die Arbeit!", rief sie. „Die Gäste warten auf ihr Mahl." Dann wandte sie sich an einen der Diener, der gerade mit einer leeren Platte aus dem Haupthaus zurückgekehrt war: „Der Leibarzt des Pharaos weilt unter den Gästen. Hol ihn sofort her! Vielleicht kann er dem Tier noch helfen."

Der junge Mann begriff sofort, stellte die Platte ab und eilte über den Hof in die Villa. Wenig später kehrte er mit einem kleinen Mann zurück, dessen Haut vor Alter ganz runzelig war. Er kniete sich neben der Katze nieder und untersuchte sie wortlos. Erst nach einer Weile begann er zu spechen.

„Es tut mir Leid, aber ich kann nichts mehr für das Tier tun. Am besten schickt ihr gleich morgen Früh nach den Balsamierern." Er stand auf und wusch sich die Hände in einer Schale, die ihm ein Diener reichte.

„Woran ist sie gestorben?", fragte Sitamun leise.

„An Gift", antwortete der Arzt, ohne lange zu zögern.

„Gift?", rief Sitamun entsetzt. „Was soll das heißen?" Doch der königliche Leibarzt hatte die Küche bereits wieder verlassen. Die Köchin gab einem Diener den Befehl, die Katze wegzuschaffen. Kurz darauf herrschte die gleiche Geschäftigkeit wie zuvor.

Niemand beachtete die Geschwister, die noch immer fassungslos in der Ecke standen.

Sitamun rieb sich die Tränen aus dem Gesicht und blickte stumm dem Diener nach, der Tamiu aus der Küche trug. Da plötzlich durchzuckte sie ein Gedanke: „Ist euch klar, was das bedeutet?“, fragte sie ihre Brüder aufgeregt.

„Tamiu ist tot“, murmelte Hesire traurig.

„Das auch“, antwortete Sitamun ungeduldig. „Aber ich meine das Gift.“ Die beiden Jungen musterten sie fragend.

„Wir sind alle in Gefahr!“

„In Gefahr? Wieso denn das?“ Sobek griff nach einem der Mandelbällchen, die neben ihm auf einem Teller lagen, und führte es zum Mund.

„Halt!“ Seine Schwester packte ihn gerade noch rechtzeitig an der Hand. „Jede dieser Speisen könnte vergiftet sein.“

„So ein Quatsch“, widersprach ihr Sobek. „Wahrscheinlich war nur das Futter der Katze vergiftet. Wir müssen also bloß herausfinden, was sie zuletzt gefressen hat.“ Vorsichtshalber legte er jedoch die süße Kugel zurück auf den Teller.

„Nichts leichter als das“, verkündete Hesire. „Wir fragen einfach den Diener, dessen Aufgabe es ist, Tamiu zu füttern.“

Sitamun schüttelte heftig den Kopf. „Wenn es doch nur so einfach wäre“, seufzte sie. „Aber Tamiu hat ständig Leckerbissen von den Tellern geklaut. Die Köchin wollte sie deswegen schon aus der Küche verbannen.“

„Wenn das so ist“, stellte Sobek trocken fest, „dann könnte tatsächlich jedes dieser Gerichte vergiftet sein.“

„Du hast es erfasst. Und wie wir herausfinden sollen, von welchem Teller sie gefressen hat, weiß ich auch nicht.“

„Vielleicht hat sie ja jemand dabei ertappt“, schlug Sobek vor.

„Höchst unwahrscheinlich“, erwiderte seine Schwester. „Das hätte die Köchin sicher erwähnt.“

„Das bringt uns alles nicht weiter“, murmelte Hesire gähnend. „Vielleicht sollten wir das Ganze auf morgen verschieben.“

„Auf keinen Fall“, entgegnete Sitamun stur. „Wir können doch nicht riskieren, dass einer von Vaters Gästen vergiftet wird.“ Sie betrachtete die Teller und Schalen auf den Tischen, die alle mit den leckersten Gerichten beladen waren. Ihre Augen schweiften über die Speisen. Da gab es Platten mit knusprigen Gänsebraten, winzigen Wachteln, gegrillten Fischen und saftigen Rinderrippen. Daneben standen Körbe mit frischem Brot, Schalen mit Granatäpfeln, Trauben, Feigen und Datteln, leckere Honigkuchen ... Plötzlich hielt sie inne.

„Ihr könnt ruhig Mandelbällchen essen“, wandte sie sich an ihre Brüder. „Ich weiß, was die Katze gefressen hat.“

Was hat Tamiu gefressen?

Der verlorene Ohrring

„Fisch?“ Zweifelnd blickte Hesire die ältere Schwester an. „Woher willst du das so genau wissen?“

Sitamun bückte sich, griff vorsichtig nach einer Gräte und hob sie zwischen Daumen und Zeigefinger hoch. „Das ist der Beweis“, erklärte sie triumphierend.

„Fisch ist doch nicht giftig.“ Der Junge verstand immer noch nicht.

„Richtig!“ Sitamun nickte. „Wenn er allerdings zuvor mit Gift präpariert wurde ...“

„Du willst doch nicht behaupten, jemand hätte Tamiu absichtlich vergiftet“, unterbrach Sobek das Mädchen. „Auf Katzenmord steht Todesstrafe. Das würde niemand wagen.“

„Ich weiß.“ Nachdenklich wickelte Sitamun einen ihrer Zöpfe um den Zeigefinger. „Mir ist das ja auch rätselhaft.“

„Vielleicht war es ein Unglück“, schlug Hesire vor, „und das Gift ist nur versehentlich an den Fisch gelangt.“

„Und wie soll das passiert sein?“, entgegnete Sitamun. „Ich glaube eher, dass jemand die Katze absichtlich mit dem giftigen Fisch gefüttert hat oder …“ Ein leises Schluchzen gleich hinter ihr ließ sie innehalten.

„Habt ihr das auch gehört?“ Neugierig drehte sie sich um und entdeckte eine zusammengekauerte Gestalt in der dunklen Ecke. Ein Küchenmädchen wiegte sich leise weinend hin und her.

„Geht es dir nicht gut?“, fragte Sitamun teilnahmsvoll. Sie hockte sich neben das Mädchen und strich ihm übers Haar.

„Die Katze“, stieß das Mädchen hervor, während ihr ganzer Körper zitterte. „Es ist alles meine Schuld!“

„Deine Schuld?“ Sobek starrte sie ungläubig an. „Hast du sie etwa vergiftet?“

Sie schüttelte heftig den Kopf und blickte den Jungen mit verweinten Augen an. „Was traust du mir zu? Ich würde doch keine Katze vergiften!“

„Wieso ist es dann deine Schuld?“, hakte er nach.

„Ich habe vergessen, Tamiu zu füttern“, erklärte sie leise.

„Du hast vergessen, sie zu füttern?“ Sobek sah sie verständnislos an. „Wie kann es dann deine Schuld sein, dass die Katze tot ist?“

„Wenn ich die Katze rechtzeitig gefüttert hätte, wäre sie nicht hungrig gewesen und hätte den Fisch nicht gestohlen.“

„Dann hat ihr also niemand den vergifteten Fisch gegeben?“

„Natürlich nicht“, erwiderte das Mädchen aufgebracht und deutete auf den leeren Teller auf dem Regal. „Wir würden doch eine solche Delikatesse nicht an eine Katze verfüttern.“

„War es denn ein besonderer Fisch?“ Für Hesire schmeckte jeder Fisch gleich.

„Es war der Lieblingsfisch eures Vaters“, klärte ihn das Küchenmädchen auf. „Wir sollten ihn für das morgige Frühstück aufheben. Die gnädige Frau Neferhotep hat der Köchin ausdrücklich aufgetragen, ihn nicht heute Abend den Gästen zu servieren. Sie wollte euren Vater überraschen.“

„Feine Überraschung“, stellte Sobek trocken fest. „Vergifteter Fisch zum Frühstück.“

„Bist du dir ganz sicher, dass dieser Fisch für unseren Vater gedacht war?“ Sitamun konnte es einfach nicht glauben.

Das Küchenmädchen nickte und wischte sich mit einem Zipfel ihres Kleides übers tränenverschmierte Gesicht. Dann erhob sie sich hastig. „Ich muss zurück an meine Arbeit.“

Ohne weiteren Kommentar ließ sie die verdutzten Geschwister stehen.

„Wenn das tatsächlich stimmt“, kombinierte Sitamun nach einer Weile ungläubig, „dann war es nicht Tamiu, die sterben sollte, sondern Vater. Neferhotep hat es auf sein Leben abgesehen.“

„Das ist doch lächerlich“, widersprach Sobek seiner Schwester. „Welchen Grund hätte unsere Stiefmutter, Vater zu ermorden? Außerdem betritt sie die Küche nie. Sie trifft sich draußen mit der Köchin und gibt ihr Anweisungen, was zu tun ist. Wie sollte sie da an den Fisch rankommen?“

„Heute war sie aber in der Küche.“ Hesire hob einen kleinen Gegenstand vom Boden und zeigte ihn den Geschwistern.

„Ein Ohrring! Das beweist gar nichts“, protestierte Sobek.

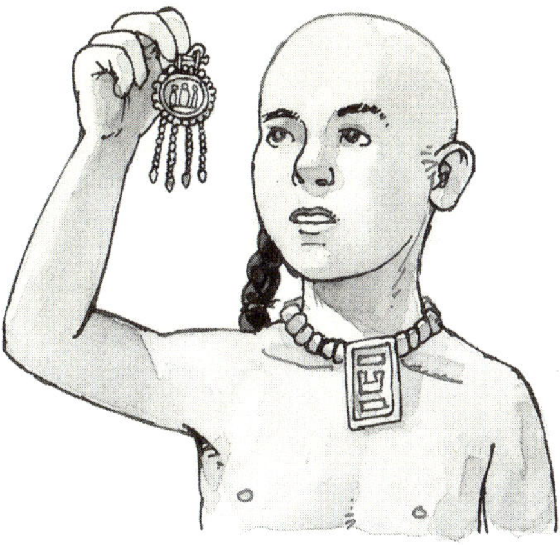

Sitamun untersuchte das Schmuckstück genauer. „Gold, Lapislazuli und Karneol“, stellte sie fest. „Die Köchin hat den bestimmt nicht verloren. Wir sollten nachprüfen, ob Neferhotep einen solchen Ohrring vermisst.“

„Und wie willst du das machen?“, fragte ihr älterer Bruder zynisch. „Willst du etwa zu ihr gehen und sie fragen?“

„Natürlich nicht“, grinste Sitamun. „Da gibt es eine viel einfachere Möglichkeit. Wir schleichen in ihr Schlafzimmer. Dort sehen wir in ihrer Schmuckschatulle nach, ob es zu diesem Ohrring ein passendes Gegenstück gibt.“

„Keine schlechte Idee“, gab Sobek zu. „Allerdings gibt es da ein kleines Problem: Um in Neferhoteps Schlafzimmer zu gelangen, müssen wir durch die Festhalle.“

„Na und?“, entgegnete seine Schwester. „Das müssen wir riskieren.“

Wenig später betraten die Geschwister die große Säulenhalle, die mit Blumengirlanden festlich geschmückt war. Sogar auf dem Fußboden und den Tischen hatte man hunderte von Lotusblüten verstreut. Doch der schwere, süße Duft, der ihnen gleich am Eingang entgegenschlug, stammte nicht von den Blumen. Er entströmte den Salbkegeln, welche die Gäste auf ihren Perücken trugen.

„Wenn wir dicht an der Wand entlanglaufen, wird uns niemand bemerken“, flüsterte Sitamun ihren Brüdern zu. Genau in diesem Augenblick kündigte ein Trommelwirbel eine Gruppe von Tänzerinnen an. Die Gäste, die um niedrige Tische herumsaßen, blickten interessiert auf, als die Frauen begannen, sich zum Rhythmus der Flöten- und Lautenmusik zu biegen und im Kreis herumzuwirbeln. Plötzlich blieb Hesire wie angewurzelt neben einer Säule stehen. Senenmut, sein Vater, blickte genau in seine Richtung, während er ungeduldig mit den Fingern schnippte. Erschrocken biss sich der Junge auf die Lippen: Der Vater hatte ihn entdeckt! Hilfe suchend sah er sich nach seinen Geschwistern um, doch die hatten längst den Gang, der zu den Frauengemächern führte, erreicht.

„Va... Vater“, stotterte er und wollte gerade zaghaft seine Hand heben, um ihm zuzuwinken, als er sah, wie eine Dienerin auf den Vater zueilte und dessen Weinkelch füllte. Ohne seinen Sohn zu beachten, wandte sich Senenmut wieder seinem Tischnachbarn zu. Erleichtert atmete Hesire auf und folgte seinen Geschwistern in den Gang.

„Wo bleibst du denn so lange?“, fuhr ihn Sitamun vorwurfsvoll an, während sie die Tür zum Schlafzimmer öffnete. Helles Mondlicht flutete durch ein hohes Fenster in den Raum und beleuchtete Neferhoteps Bett, das in der Mitte des Zimmers stand, sowie einen Stuhl und eine Truhe. Direkt unterhalb des Fensters stand ein Tisch. Darauf konnte man die Umrisse mehrerer Gegenstände erkennen.

„Wir brauchen mehr Licht“, stellte Sitamun fest.

„Kein Problem“, erwiderte Sobek. Er trat zurück in den Gang und kehrte kurz darauf mit einer Öllampe, die dort gewöhnlich auf einem hölzernen Ständer ruhte, zurück.

Seine Schwester stürzte auf den Tisch zu. Zwischen Handspiegel, Kamm, offenen Salbentiegeln, Fläschchen, Kohlbehältern und anderen Schminkutensilien hatte sie dort ein Holzkästchen entdeckt.

„Neferhoteps Schmuckschatulle“, kombinierte sie und hob vorsichtig den bunt bemalten Deckel. Unzählige goldene Armreife, Ohrringe und Ketten funkelten im Licht der Lampe.

„Bei Amun“, raunte Hesire. „Ich wusste gar nicht, wie viel Schmuck Neferhotep besitzt.“ Staunend betrachtete er Perlenketten, Amulette, Anhänger mit kostbaren Einlegearbeiten aus Lapislazuli, Türkise und Karneole und Ohrschmuck von einfachen Steckohrringen bis hin zu komplizierten Ohrgehängen aus winzigen bunten Perlen.

„Das sind sicher alles Geschenke von Vater“, überlegte Sitamun. „Genau das ist auch der Grund, warum sie Vater vergiften wollte. Die Frau will noch mehr!“

„Das ist doch unlogisch, oder?“ Hesire musterte die Schwester verständnislos. „Wenn Vater tot wäre, könnte er ihr doch keinen Schmuck mehr kaufen.“

„Ihr geht es um viel mehr als Schmuck“, erklärte das Mädchen. „Vermutlich hofft sie, dass sie nach seinem Tod alles erbt, was er hat.“

„Bevor wir hier voreilige Schlüsse ziehen“, wandte Sobek ein, „sollten wir untersuchen, ob ihr der Ohrring wirklich gehört.“ Und er begann, im Schmuckkasten herumzukramen.

? *Gibt es einen passenden Ohrring?*

Höchst verdächtig

„Und was habt ihr in meinem Schlafzimmer zu suchen?“, kam eine strenge Stimme von der Tür her. Sobek, der gerade den passenden Ohrring gefunden hatte, ließ ihn erschrocken zurück in das Kästchen fallen. Neferhotep, die Stiefmutter der Geschwister, stand unheilvoll im Türrahmen, den halb geschmolzenen Salbkegel auf der langen Perücke, die Augen mit Kohl und Malachit umrandet. „Solltet ihr nicht längst im Bett sein?“

Sitamun warf ihren beiden Brüdern einen kurzen, verschwörerischen Blick zu. Sie durften Neferhotep auf keinen Fall zeigen, dass sie von ihren Mordplänen wussten.

„Wi... Wir“, stotterte sie, „haben deinen Ohrring ...“

„Im Garten gefunden“, ergänzte Sobek hilfreich.

„Genau“, fuhr das Mädchen fort. „Und wir haben ihn zurück in deine Schmuckschatulle gelegt, da er dort am sichersten aufgehoben ist.“

„Meinen Ohrring?“ Langsam schritt Neferhotep auf die Kinder zu und musterte das Schmuckstück.

„Bei Hathor, den habe ich schon seit einigen Tagen vermisst.“ Dann kickte sie ihre Sandalen in die Ecke und rieb sich die Füße. „Diese neuen Schuhe sind einfach zu unbequem.“ Sie schlüpfte in ein anderes Paar. Die Kinder standen noch immer wie angewurzelt da. „Und?“, fragte Neferhotep. „Wollt ihr nicht ins Bett?“ Mit einer Handbewegung scheuchte sie die drei aus dem Zimmer.

Später in der Nacht lagen die Geschwister wach auf ihren Schilfmatten. Über ihnen erstreckte sich der klare Nachthimmel, auf dem Millionen von Sternen funkelten. Vom Haus drangen Stimmen, Gelächter und Musik zu ihnen hoch. Die Party war noch immer in vollem Gang.

„Ich glaube Neferhotep kein Wort", stellte Sobek fest. „Sie hat den Ohrring angeblich schon seit Tagen vermisst! So ein Unsinn."

„Ja, die Frau lügt", stimmte ihm Sitamun zu. „Natürlich hat sie ihn erst heute in der Küche verloren, als sie Vaters Fisch vergiftet hat." Nachdenklich betrachtete sie die Sterne. „Wenn ihr mich fragt, dann ist das längst nicht das Ende der Geschichte."

„Nein", stimmte ihr Sobek ernst zu. „Vaters Leben ist von jetzt an in ständiger Gefahr. Der erste Mordversuch ist schief gegangen. Wer weiß, was Neferhotep sonst noch geplant hat."

„Wir müssen Vater warnen", gähnte Hesire. „Aber das hat Zeit bis morgen. Ich bin schrecklich müde." Er drehte sich um und schlief auf der Stelle ein.

Senenmut glaubte den Kindern kein Wort.

„Eure Stiefmutter eine Mörderin? Ich bin ja gespannt, was euch als Nächstes einfällt", war sein einziger Kommentar.

„Und wie soll es jetzt weitergehen?", überlegte Sobek am Nachmittag des gleichen Tages, als sich die anderen Bewohner der Villa in ihre kühlen Kammern zum Mittagsschlaf zurückgezogen hatten. Er war stattdessen zusammen mit seinem Bruder auf eine

der hohen Sykomoren im Garten geklettert, um Eselsfeigen zu pflücken. Es war gerade die richtige Jahreszeit und die Früchte waren süß und saftig.

„Keine Ahnung", erwiderte Hesire kauend. „Wenn wir ihn doch nur überzeugen könnten, dass es sich hier nicht um irgendein Kinderspiel handelt."

Er leckte sich den Saft von den Lippen und blickte nachdenklich um sich. Von den hohen Bäumen aus konnte man nicht nur den Garten der Villa und die Nachbargrundstücke überblicken, sondern man sah bis hin zum Palast des Pharaos und zum Hafen der Palaststadt. In der Ferne, im Dunst der Nachmittagssonne, konnte man den Nil und die Tempel von Theben ausmachen.

„Guck mal, wer da kommt", riss ihn Sobek aus seinen Gedanken. Neferhotep und ihre alte Dienerin Henhenet schritten den Weg entlang. Sie blieben direkt unter der Sykomore, auf der die Jungen hockten, stehen. „Was die wohl Wichtiges zu besprechen haben?"

„Sei still", wies ihn sein Bruder flüsternd zurecht. „Vielleicht handelt es sich ja um weitere Mordpläne." Aufgeregt versuchten sie, dem Gespräch der beiden Frauen zu lauschen.

„Er hat den besten Ruf", erklärte Neferhotep gerade ihrer Dienerin.

Henhenet nickte. „Ja Herrin, keiner wird diese Arbeit besser für Sie erledigen."

„Merit hat mir eine Skizze angefertigt und genau beschrieben, wo der Mann wohnt." Die Stiefmutter deutete auf ein Blatt Papier. „Du weißt ja, wie du von unserer Villa zum Stadttor kommst: geradeaus die Gasse entlang, bis du auf die nächste Gasse stößt, dann biegst du nach links ab und gehst so lange geradeaus, bis es nicht mehr weitergeht. Dort musst du nach rechts abbiegen, ein Stück geradeaus durch eine enge Gasse gehen und schließlich wieder nach rechts. Danach geht es dreimal nach links und schließlich immer geradeaus ..."

„Ich kenne den Weg, gnädige Frau", unterbrach Henhenet ihre Herrin. „Bei der Straße, auf die ich stoße, muss ich nach links abzweigen und ein Stück weiter bis zur nächsten Weggabelung gehen, wo es wieder nach links geht. Danach immer geradeaus. Vom Tor ist es nicht mehr weit. Man kann Paneks Haus nicht verfehlen."

Neferhotep lächelte. „Du brauchst die Skizze tatsächlich nicht. Aber die Anweisungen musst du auf jeden Fall mitnehmen." Sie reichte der Alten einen zusammengerollten Papyrus. „Panek soll sie unbedingt genau ausführen."

Angelockt von den reifen Früchten der Sykomore kam in diesem Augenblick eine Wespe angesummt und setzte sich auf Hesires Feige. Mit einer schnellen Handbewegung wollte er das Tier verjagen, verlor dabei den Halt und rutschte ein Stück den Baumstamm hinab. Für einen kurzen Moment gelang es ihm zwar, sich an einem morschen Ast festzuklammern, doch dieser gab nach, und der Junge purzelte vom Baum, direkt vor Neferhoteps Füße.

„Hesire?“, fragte sie erstaunt. „Was machst du denn hier? Hast du uns etwa belauscht?“

Der Junge stand langsam auf und rieb sich den Knöchel. „Nein“, murmelte er leise. „Ich war nur Eselsfeigen essen.“ Zum Beweis hob er seine rechte Hand, in der er immer noch eine halb gegessene Frucht festhielt.

Die Stiefmutter musterte den Jungen streng. „Ich glaube dir. Falls du allerdings doch etwas mitgehört hast, dann darfst du auf keinen Fall deinem Vater davon berichten.“ Drohend hob sie den Finger. „Das war alles“, wandte sie sich an die Dienerin. „Du kannst gehen.“ Dann schritt sie, ohne den Jungen weiter zu beachten, aufs Haus zu.

Hesire starrte den beiden Frauen mit weit aufgerissenen Augen nach.

„Das ist ja gerade noch mal gut gegangen“, schnaufte Sobek erleichtert auf, als er mit einem Satz neben seinem Bruder landete.

„Neferhotep schickt ihre Dienerin zu einem Mann, der für sie einen Auftrag erledigen soll“, überlegte Hesire. „Vater soll auf keinen Fall davon erfahren.“ Plötzlich wurde er kreidebleich. „Sobek“, rief er. „Ich weiß, was die Frau vorhat.“

„Sag schon!“ Sobek blickte den Bruder erwartungsvoll an.

„Panek könnte ein Bogenschütze sein. Neferhotep will ihn anheuern, damit er Vater aus dem Hinterhalt erschießt. Es könnte so geplant sein, dass es wie ein Unfall aussieht ...“

„Bei Amun!“, fiel ihm Sobek ins Wort. „Das müssen wir unbedingt verhindern! Allerdings gibt es da ein Problem: Vater wird uns auch diese Geschichte nicht glauben.“

„Na und?“ Hesire hatte schon andere Pläne. „Wir ergreifen einfach selbst die Initiative. Wenn wir genug Beweise haben, bleibt ihm nichts anderes übrig, als uns ernst zu nehmen.“ Er bückte sich, um seinen schmerzenden Knöchel zu massieren. Im selben Augenblick sah er den zerknitterten Papyrus neben dem Baumstamm liegen. Da Henhenet den Weg kannte, hatte Neferhotep ihn offensichtlich achtlos weggeworfen. Er griff nach dem Blatt und strich es glatt.

„Schaut wie ein Plan von Malkata aus", kombinierte sein Bruder. „Hier wo das Kreuz ist, steht unsere Villa. Kannst du dich noch an Neferhoteps Wegbeschreibung erinnern?"

Hesire dachte kurz nach. „Die Gasse geradeaus, dann nach links ..."

„Dann wieder geradeaus, anschließend rechts ...", fiel ihm Sobek ins Wort. Schweigend studierten die beiden die Skizze.

„Ich weiß, wohin Henhenet geschickt wurde", verkündete Hesire wenig später stolz.

„Ich auch", erwiderte Sobek. „Komm, lass uns Sitamun holen. Wenn wir uns beeilen, schaffen wir es, Henhenet einzuholen. Wir verfolgen die Alte, und mit etwas Glück finden wir dabei heraus, welche Anweisungen dieser Panek ausführen soll." Aufgeregt rannten die Jungen los, um ihre Schwester zu suchen.

Wohin soll Henhenet gehen?

Auf heißer Spur

Sie fanden Sitamun am Teich. Sie saß auf der Steinumrandung des Beckens und badete ihre Füße im Wasser.

„Bei den Göttern", Sobek starrte seine Schwester entsetzt an. „Was hast du denn gemacht?"

„Was wohl? Ich habe mir die Augenbrauen abrasiert. Wegen Tamiu", erklärte sie. „Ihr solltet das auch tun, um zu zeigen, dass ihr um sie trauert."

„Dazu haben wir jetzt keine Zeit", verkündete Hesire und fächelte sich wichtigtuerisch mit dem Plan Luft zu. „Wir müssen zu den königlichen Werkstätten."

„Was wollt ihr denn dort? Ist doch viel zu heiß um diese Tageszeit."

„Neferhotep hat Henhenet ins Handwerkerdorf geschickt", klärte Sobek sie auf. „Wir müssen unbedingt herausfinden, wieso. Hesire ist überzeugt, dass sie dort einen Mörder anheuern soll. Willst du mitkommen?"

Und ob Sitamun das wollte. Wie der Blitz sprang sie auf und schlüpfte in ihre Sandalen. „Und wo ist die Alte jetzt?"

„Sie hat sich bereits auf den Weg gemacht. Doch wenn wir uns beeilen, können wir sie noch einholen."

Wenig später eilten die drei Geschwister an der äußeren Palastmauer entlang. Henhenet lief ein gutes Stück vor ihnen. Da um diese heiße Tageszeit kaum Menschen unterwegs waren, mussten sie besonders aufpassen, dass die Dienerin sie nicht entdeckte. Schon bald hatten sie die Gabelung erreicht, an der die Straße zur königlichen Handwerkersiedlung abzweigte.

„Vorsicht!", rief Sitamun plötzlich. Ein Streitwagen näherte sich in rasender Geschwindigkeit. Die Kinder sprangen auf die Seite, doch Sobek stolperte

und fiel der Länge nach mitten auf die Straße. Hastig versuchte er aufzustehen, doch es war zu spät. Sand wirbelte auf, und der Junge verschwand in einer Staubwolke. Die Pferde bäumten sich auf, Räder quietschten, Holz knirschte. Der Wagenlenker hatte sein Gefährt gerade noch im letzten Augenblick zum Stehen gebracht. Wie ein Geist tauchte Sobek aus der Staubwolke auf.

„Kannst du nicht aufpassen!“, fuhr der Mann den Jungen wütend an. Dann gab er seinen Pferden die Peitsche und galoppierte in Richtung Wüste davon.

Sobek rieb sich das Knie. „Wo ist Henhenet?“, wollte er wissen.

Die Straße, die zur Handwerkersiedlung führte, flimmerte in der heißen Nachmittagssonne. Bis auf einen alten Esel und einige ausgetrocknete, staubige Büsche war nichts zu sehen.

„Na, großartig", schimpfte er. „Wir haben die Alte aus den Augen verloren."

„Das ist nicht so schlimm", beruhigte ihn Hesire. „Immerhin wissen wir, dass der Mann, zu dem sie gehen soll, Panek heißt. Wir gehen jetzt in die Siedlung und fragen, wo er wohnt. Sobald wir sein Haus finden, werden wir wieder auf Henhenet stoßen."

„Gute Idee", grinste Sobek. „Das sollten wir hinbekommen."

Zielstrebig schritten die Geschwister durchs Tor in die Siedlung. Vor ihnen erstreckte sich eine lange Gasse, in der dicht an dicht kleine Lehmhäuser standen. Eine Tischlerwerkstatt reihte sich hier an die nächste. Von der Gasse der Tischler zweigten unzählige weitere Gassen ab. Dort arbeiteten die Möbelschreiner und Wagenmacher. Gleich dahinter lagen die Werkstätten der Goldschmiede, Juweliere und Edelsteinschleifer. Es gab Waffenschmiede, Töpfer, Steinmetze, Weber, Perückenmacher ...

„Waren aus den königlichen Werkstätten", erklärte Sobek stolz, „sind auf der ganzen Welt für ihre gute Qualität bekannt. Vater sagt, sie werden bis ins Reich der Hethiter und nach Mitanni exportiert.“ Staunend blieb er vor einer Möbelwerkstatt stehen. „Schaut euch mal dieses Prachtstück an.“ Er deutete auf eine Truhe mit Einlegearbeiten. „Ob der Schreiner weiß, wo Panek wohnt?“

Doch der Mann hatte keine Ahnung. Sie zogen von einer Werkstätte zur nächsten, aber auch die anderen Handwerker kannten ihn nicht.

Leicht entmutigt waren sie inzwischen in der Gasse der Perückenmacher angelangt. Von einfachen Kurzhaar-Perücken bis hin zu kompliziertem, mit Perlen verziertem Haarschmuck wurde hier jede Frisur, die sich ein modischer Ägypter nur wünschen konnte, angeboten. Obwohl sie längst überzeugt waren, dass sie Panek in diesem Gassengewirr niemals finden würden, wandten sich die Geschwister an einen der Perückenmacher.

„Panek“, überlegte der Mann ohne aufzusehen, denn er war dabei, kleine Zöpfchen in ein langes Haarteil zu flechten. „Soviel ich weiß, arbeitet er gleich hier um die Ecke, in der Gasse der Goldschmiede.“

Sie fanden die beschriebene Werkstatt schnell. Ein glatzköpfiger Mann saß im Schneidersitz auf dem Boden und fädelte Perlen auf eine Schnur. Von Henhenet aber war keine Spur.

„Ein Goldschmied?“, zweifelte Sitamun. „Welche Mordwaffe soll der herstellen? Das ist sicher der falsche Mann.“

„Es gibt nur einen Weg, das herauszufinden“, sagte Sobek entschieden. „Wir stellen ihn zur Rede.“

„Ach ja?“ Sitamun betrachtete ihren Bruder spöttisch. „Und du meinst, falls es sich um den richtigen Panek handelt, wird er uns alles einfach so verraten? Niemals!“

„Warte es ab“, entgegnete der Junge, und bevor ihn die anderen zurückhalten konnten, marschierte er selbstsicher auf die Werkstatt zu.

„Panek?“, fragte er auf gut Glück.

„Ja?“ Der Mann blickte verwundert von seiner Arbeit auf. „Was kann ich für dich tun?“

„Wir suchen Henhenet“, erklärte Sobek ohne Umschweife.

„Henhenet?“ Er musterte den Jungen misstrauisch. „Ich kenne keine Henhenet.“

„Wirklich nicht?“ Suchend blickte Sobek sich in der Werkstatt um. Handelte es sich doch um den falschen Panek? Aber ... Da! Plötzlich wusste er, dass vor ihm genau der Mann saß, den sie suchten. Neben dem Werkzeug lag ein zusammengerollter Papyrus: Der Zettel mit Neferhoteps Anweisungen!

„Sie lügen“, forderte er den Mann wagemutig heraus. „Henhenet hat Ihnen vor nur wenigen Augenblicken eine geheime Nachricht überbracht.“

„Mein Bruder hat Recht“, stimmte Hesire Sobek zu. Er hatte den Zettel ebenfalls bemerkt. „Sie brauchen uns gar nichts vorzumachen. Wir wissen, was Sie vorhaben und kennen Ihren Plan."

„Plan?" Für einen kurzen Augenblick schien der Goldschmied verunsichert. „Was für einen Plan? Ich weiß wirklich nicht, wovon ihr redet."

„Und was ist das?" Sobek deutete triumphierend auf den Papyrus. „Auf diesem Blatt steht ganz genau, was Sie für Neferhotep erledigen sollen."

„Ach so!" Panek lachte erleichtert auf. „Den Plan meint ihr. Wieso sagt ihr das nicht gleich? In dem Papyrus geht es um einen Auftrag, den ich für die Frau des Finanzministers ausführen soll. Eine ihrer Dienerinnen hat ihn mir gerade überbracht." Er kratzte sich verlegen am kahl rasierten Schädel.

„Sie geben also doch zu, dass es einen Plan gibt", hakte Sobek nach.

„Von einem Plan kann man da wohl nicht wirklich sprechen", lächelte der Mann. Er griff nach dem Papyrus und reichte ihn den Kindern.

Sitamun rollte das Blatt hastig auf. „Ein Halskragen", murmelte sie erstaunt und reichte ihren Brüdern die Zeichnung weiter.

„Ja", strahlte Panek. „Die Dame Neferhotep hat mir aufgetragen, einen Halskragen anzufertigen. Sie will damit ihren Ehemann Senenmut überraschen."

„Ein Halskragen!“ Sitamun konnte sich auf dem Heimweg vor Lachen kaum halten. „Und ihr habt tatsächlich geglaubt, Neferhotep wollte einen Mörder anheuern? Den Weg hierher hätten wir uns sparen können.“

„Nein“, widersprach Sobek. „Hätten wir nicht. Panek hat gelogen. Er kennt Henhenet besser, als er zugibt.“

„Unsinn. Die Dienerin hat doch nur Neferhoteps Nachricht überbracht. Sie hat ihm sicher nicht ihren Namen genannt.“

Der Junge schüttelte den Kopf. „Ich bin trotzdem überzeugt, dass hier etwas faul ist.“ Vorsichtig öffnete er seine Faust. „Schaut euch das mal an. Ist das nicht höchst verdächtig?“ Er zeigte seinen Geschwistern einen winzigen Zettel. „Den habe ich in Paneks Werkstatt gefunden“, fügte er erklärend hinzu.

Hesire musterte den Text. „Aber die Buchstaben ergeben ja gar keinen Sinn.“

„Eben“, meinte Sobek stolz. „Es handelt sich um eine verschlüsselte Nachricht. Und nur wer etwas zu verbergen hat, schickt verschlüsselte Nachrichten.“

Aufgeregt versuchten die Geschwister, den Text zu entziffern.

Wie lautet die Nachricht?

Eine gefährliche Überraschung

Am folgenden Tag saß Sitamun wieder auf ihrem Lieblingsplatz am Rande des Teichs. Sie beobachtete eine Ente, die sich einen Weg zwischen den Seerosen bahnte. Die beiden Jungen hatten sich zu ihr gesellt, um noch einmal die Geschehnisse des Vortages durchzusprechen.

„Unser Ausflug zu den königlichen Werkstätten hat uns nicht gerade weitergebracht“, beschwerte sich Hesire. „Außer der verschlüsselten Nachricht haben wir noch immer keinen einzigen Beweis. Wie können wir Vater bloß von der Gefahr überzeugen, in der er schwebt?“

„Wenigstens haben wir herausgefunden, dass Panek einen Bruder hat und dass Henhenet seine Mutter ist“, räumte Sitamun ein.

„Und vor allem“, ergänzte Sobek, „wissen wir, dass am ersten Tag des Opetfestes ein Anschlag geplant ist. Damit lässt sich zugleich der Tatort einschränken, denn an diesem Tag bleibt unser Vater natürlich nicht in Malkata. Er setzt wie alle Leute aufs andere Flussufer über, um dem Festzug beizuwohnen.“

„Das ist es ja eben“, murmelte Hesire niedergeschlagen. „Während des Umzuges ist in den Straßen von Theben sehr viel Trubel. Ein Mörder kann sich da leicht ungesehen in der Menge davonmachen.“

„Ist euch eigentlich schon mal aufgefallen, wie widersinnig all dies ist?“, überlegte Sitamun. „Wieso macht sich Neferhotep die Mühe, einen Halskragen zu bestellen, wenn sie Vater ohnehin umbringen will? Ich verstehe das nicht.“ Nachdenklich plätscherte sie mit den Füßen im Wasser. „Möglicherweise haben Panek und Henhenet etwas ganz anderes vor. Etwas, das überhaupt nichts mit Neferhotep zu tun hat ...“

„Pssst“, unterbrach sie Sobek und deutete mit einem stummen Blick Richtung Haus, wo Senenmut gerade die Stufen in den Garten hinabschritt. Neben ihm spazierte Maja, der oberste Schatzminister des Pharaos. Die beiden Männer waren seit Jahren miteinander befreundet und besuchten sich häufig gegenseitig.

Die Geschwister standen auf und verbeugten sich höflich vor dem Gast.

„Keine Schule heute?“, fragte Maja interessiert.

„Nein“, antwortete Sobek. „Die ist wegen dem bevorstehenden Opetfest geschlossen.“

„Natürlich, wie konnte ich das vergessen“, lächelte der Mann. „Die Priester haben natürlich alle Hände voll mit den Vorbereitungen für den Umzug zu tun. Die Tempel müssen mit Blumengirlanden geschmückt und die Amunstatue herausgeputzt werden. Zudem“, ergänzte er, „wollen die Priester dieses Jahr besonders viel Brot und Freibier an die Bevölkerung verteilen.“

Die beiden Männer begannen auf dem schattigen Weg neben dem Wasserbecken auf und ab zu schreiten, während sich die Kinder wieder an den Beckenrand setzten.

„Eine vortreffliche Entscheidung unseres Pharaos, das Fest, das sein Vater abgeschafft hat, wieder einzuführen“, sagte Senenmut zu seinem Gast.

„Ganz meiner Meinung“, stimmte der Schatzminister zu. „Damit hat er uns nicht nur den Segen Amuns und damit ein fruchtbares Jahr beschert, sondern gleichzeitig das Volk auf seine Seite gebracht.“

„Volle Getreidespeicher“, bemerkte Senenmut, „sind immer wünschenswert. Allerdings bedeuten sie für mich viel Arbeit. Vergangenes Jahr mussten wir im Finanzamt sogar zusätzliche Wachen einstellen, um die Speicher vor Diebstahl zu schützen.“

„Bringt am Eingang Schlösser an“, schlug Maja vor. „Das habe ich kürzlich für den Eingang zur königlichen Schatzkammer veranlasst. Da kann kein Dieb mehr ohne Schlüssel eindringen.“

„Und wenn sich jemand einen Schlüssel beschafft?“, zweifelte Senenmut.

„Das ist nicht so einfach, denn es gibt nur drei davon. Einen besitzt der Pharao, den anderen ich. Der dritte liegt in einem Geheimversteck, das außer dem Pharao und mir niemand kennt. Ist das nicht einmalig?“

„Und ob!“ Senenmut war sichtlich beeindruckt. „Das würde ich mir gerne genauer ansehen. Vielleicht ...“ Die Stimmen der beiden Männer verklangen, als sie zurück zum Haus spazierten.

„Wie langweilig“, stöhnte Sitamun. „Wenn die beiden nicht über Politik reden, dann sprechen sie über ihre Arbeit. Wie wäre es mit einem Ballspiel?“ Sie zauberte drei winzige Lederbälle hervor und warf einen davon zu Hesire.

„Ich spiele doch keine Mädchenspiele“, rief dieser empört und schleuderte den Ball zurück zu seiner Schwester. „Ich kühle mich lieber ab.“ Er rutschte vom Beckenrand ins Wasser und spritzte seine Geschwister nass. Sobek sprang ihm nach, und die Jungen begannen einen wilden Wasserkampf. Sitamun zögerte einen Augenblick. Das kühle Nass war wirklich sehr verführerisch, aber sie entschloss sich schließlich doch, lieber ihre Bälle zu jonglieren.

In diesem Augenblick kam Henhenet mit forschem Schritt auf die Kinder zu. Sie hielt einen verschlossenen Korb in den Armen.

„Eine Sendung für die gnädige Frau Neferhotep“, erklärte sie und stellte den Binsenkorb auf den Boden, gleich neben eine Topfpflanze.

„Sie ist nicht hier“, erwiderte Sitamun, während sie ihre Bälle weiter in die Luft warf.

„Ich weiß.“ Henhenet musterte die Kinder mit ausdruckslosem Gesicht. „Die Herrin ruht gewöhnlich, bis es etwas kühler ist.“

Sobek kletterte neugierig aus dem Becken. Das Wasser lief in kleinen Rinnsalen an seinem Körper herab und bildete kleine Pfützen um seine Füße. „Wieso bringst du den Korb dann nicht ins Haus?“, fragte er neugierig.

Die Dienerin zuckte mit den Schultern. „Bis die Herrin aus ihrem Mittagsschlaf erwacht, könnt ihr darauf aufpassen.“ Sie wandte sich bereits zum Gehen, als sie sich noch einmal umdrehte und die Kinder warnend anfunkelte. „Wagt es ja nicht, den Korb zu öffnen. Auf keinen Fall. Versteht ihr?“ Dann eilte sie zurück zur Villa. Kurz bevor sie in den seitlichen Dienstboteneingang trat, schaute sie noch einmal zu den Kindern. Sobek bekam Gänsehaut, als er bemerkte, dass sie dabei hinterhältig grinste.

Sobald die Kinder wieder allein waren, drängten sie sich neugierig um den Korb.

Es handelte sich um einen gewöhnlichen, flachen Binsenkorb mit einem Deckel, der mit einem Seil verschnürt war.

„Was da wohl drin ist?“, murmelte Hesire. Er untersuchte den Korb genauer und fand an der Schnur ein hölzernes Etikett mit Hieroglyphen. „Für Neferhotep“, entzifferte er langsam. „Meint ihr, der Korb hat etwas mit den Mordplänen zu tun?“

Sitamun zuckte die Schultern. „Es könnte auch einfach nur der Halskragen sein, den Neferhotep für

Vater bestellt hat. Es sei denn, der war doch nur ein Vorwand." Sie sah sich vorsichtig im Garten um. „Wieso schauen wir nicht einfach hinein? Die Luft ist rein."

„Gute Idee." Sobek war sofort begeistert. Geschickt begann er, das Seil aufzuknoten und hob voller Spannung den Deckel. Noch bevor seine Schwester den Inhalt sehen konnte, ließ er ihn wieder zufallen.

„Was ist denn los?", fragte ihn Sitamun verwundert. „Hast du dir wehgetan?"

„Hast du nicht gesehen, was in dem Korb ist?"

„Nein." Neugierig griff sie nach dem Deckel.

„Halt!", riefen Hesire und Sobek gleichzeitig.

Doch es war zu spät. Sitamun hatte den Deckel bereits auf die Seite geschoben. Wie versteinert starrte

sie in den leeren Korb. Der Inhalt, ein schmaler, sandfarbener, langer Körper mit rostbraunen Flecken, glitt schnell auf das Mädchen zu.

„Eine Schla... Schlange“, stotterte sie.

„Genau“, rief Sobek, während er seine Schwester gewaltsam am Arm packte und auf die Seite zog. „Vermutlich noch dazu hochgiftig!“

Das Tier schlängelte an Sitamun vorbei, quer über den Pfad und verschwand im Blumenbeet.

„Bei Amun“, atmete sie erleichtert auf. „Das ist ja gerade noch mal gut gegangen. Die Schlange hätte mich beißen können.“

„Das kann sie immer noch“, stellte Hesire trocken fest. „Solange wir sie nicht wieder einfangen, bleibt sie eine Gefahr für jeden, der seinen Fuß in unseren Garten setzt.“

„Richtig“, stimmte ihm Sobek zu. „Und deshalb hole ich jetzt den Torhüter. Der kann uns helfen, das Tier wieder einzufangen.“

„Dazu ist es zu spät“, stöhnte Sitamun, die immer noch wie erstarrt war. „Die Schlange hat sich im Gebüsch versteckt. Da finden wir sie nicht wieder.“

„Ach was“, beruhigte sie Sobek. „Du musst dich bloß ein bisschen anstrengen. Ich hab sie schon entdeckt.“

? *Wo hat sich die Schlange versteckt?*

Ein geheimes Treffen

„Aber das hat doch nichts zu bedeuten“, beruhigte sie der Vater, als sie ihm am Abend von dem Vorfall berichteten. „Wir leben am Rand der Wüste, da kann es schon mal vorkommen, dass sich eine Schlange in unseren Garten verirrt. Inti hat sie über die Mauer geworfen, also kann sie uns nicht mehr gefährlich werden.“

„Aber Neferhotep und Henhenet …“, wandte Sobek ein.

„Kein Aber“, unterbrach ihn Senenmut gut gelaunt. „Ich habe nämlich eine Überraschung für euch.“

„Eine Überraschung?“, riefen die Geschwister aufgeregt.

„Heje, der Vizekönig von Nubien, wird mit einer Delegation im Palast erwartet“, erklärte der Vater. „Ihr dürft mich morgen mit zum Hafen begleiten. Da könnt ihr zusehen, wie die Gesandten einziehen. Das wird ein einmaliges Schauspiel sein, das euch sicher von euren dummen Gedanken ablenken wird.“

Doch der Vater sollte sich täuschen.

Die Palaststadt lag nicht direkt am Ufer des Nils, sondern ein Stück im Landesinneren, am Fuß der westlichen Berge. Ein breiter Kanal, der in ein riesiges Hafenbecken mündete, führte vom Fluss zum Palast. Auch wenn es im königlichen Hafen nie so geschäftig zuging wie im Hafen Thebens auf der anderen Flussseite, handelte es sich keineswegs um einen schläfrigen Flecken. Hier ankerten die Schiffe, die die Palaststadt mit Waren versorgten, und die Kähne, mit denen königliche Beamte von Theben nach Malkata befördert wurden. Ein besonderes Prachtstück war die goldene Barke des Pharaos, die neben dem steinernen Landesteg in der Morgensonne glitzerte. Gleich daneben waren gerade mehrere Seeleute damit beschäftigt, ein großes Segelschiff zu vertäuen.

„Das Schiff des Vizekönigs“, erklärte der Vater. „Heje und die nubische Delegation werden jeden Augenblick an Land gehen.“

Inzwischen hatten sich viele Palastbewohner am Pier eingefunden. Da waren Hofdamen, Schreiber, Höflinge, Köche, Soldaten ... Alle schauten gespannt auf das Schiff.

„Ich kann nichts sehen“, beschwerte sich Hesire. Er stellte sich auf seine Zehenspitzen und streckte sich, so sehr er konnte.

„Ich habe eine Idee“, rief Sitamun aufgeregt. Direkt hinter den drängelnden Neugierigen hatte sie einen Stapel Kisten und Körbe entdeckt. Flink kletterte sie hinauf und winkte ihren Brüdern und dem Vater zu. Senenmut lächelte.

„Na los“, ermunterte er seine Söhne. „Wenn ihr etwas sehen wollt, dann folgt dem Beispiel eurer Schwester.“

Von ihrem Podest aus hatten die Kinder eine hervorragende Aussicht. Über die Köpfe der Menschen hinweg sahen sie, wie mehrere Diener über eine hölzerne Landebrücke eilten und die Zuschauer wichtigtuerisch mit Holzknüppeln auf die Seite trieben. Gleich darauf trat ein Mann mit einer schweren, langen Perücke auf die Brücke. Er hielt einen Augenblick inne, während sein Blick würdevoll über die Menge schweifte. In einer Hand hielt er einen Wedel, in der anderen einen goldenen Krummstab, beides Zeichen seiner Macht. Dicht hinter ihm lief ein Diener, der einen Sonnenschirm über ihn hielt. Auf der anderen Seite fächelte ihm ein weiterer Bediensteter mit einem Fächer aus Straußenfedern frische Luft zu.

„Der Vizekönig“, murmelte Sobek ehrfürchtig. Die Schaulustigen, die den Pier säumten, verneigten sich. Direkt hinter dem Vizekönig und seinen Höflingen schritten drei nubische Würdenträger, die ägyptische Gewänder aus feinstem Leinen trugen.

„Die Gesandten“, flüsterte Sitamun. Dann zuckte sie vor Staunen so sehr zusammen, dass sie fast von der Kiste gefallen wäre. „Schaut euch das nur an!“

Ein Stück hinter den feinen Herren stolzierte ein Fabeltier, dessen langer Hals sogar die Kinder auf den Kisten überragte.

„Das ist eine Giraffe", erklärte Sobek fachmännisch.

Dem Tier folgten riesige Vögel mit buschigen Schwanzfedern und danach eine Gruppe von Nubiern, die lediglich mit Lendenschurzen aus Leopardenfell bekleidet waren. Die Männer trugen die Tributgaben für den Pharao: schwere Ketten aus riesigen goldenen Ringen, Schalen voller funkelnder Edelsteine, riesige Straußeneier, Panterfelle, lebende Paviane an Leinen, Elfenbein, Weihrauch, Myrre ...

Sobek ließ seinen Blick über das faszinierende Spektakel schweifen. Da plötzlich entdeckte er, etwas abseits von der Menge, ein ihm nur allzu bekanntes Gesicht. Henhenet stand neben einer Säule und unterhielt sich mit zwei Männern. Den einen erkannte er sofort. Es handelte sich um ihren Sohn, den glatzköpfigen Panek. Der andere Mann, der eine kinnlange Perücke trug, sah wie ein Schreiber aus. An seinen Fingern konnte man schwarze Tintenflecke erkennen, und unterm Arm hatte er eine Schreibschatulle geklemmt.

„Guckt mal, wer da ist", flüsterte der Junge seinen Geschwistern zu.

„Die Alte hat sicher nichts Gutes im Sinn", wisperte Sitamun zurück. „Lasst uns näher hingehen und sie belauschen." Sie rutschte eilig von den Kisten.

Die Kinder schlichen vorsichtig im Schatten einer Mauer auf die Gruppe zu.

„Ein paar Tropfen ins Festbier", erklärte die Dienerin gerade. Sie zog ein Fläschchen aus den Falten ihres Kleides hervor und reichte es dem Schreiber, „und auch die kräftigsten Männer fallen in den tiefsten Schlaf."

Sie grinste. „Sei aber sparsam damit. Zu viel kann tödlich sein. Ich habe es an der Katze meiner Herrschaft ausprobiert. Die Dosis war zu hoch und das Tier ist jetzt bei den Einbalsamierern in der Stadt der Toten."

„Wo auch die Kinder deiner Herrschaft beinahe gelandet wären", bemerkte Panek schadenfroh.

„Unsinn", rechtfertigte sich Henhenet. „Die Schlange war doch nicht giftig. Nachdem ich deine Nachricht erhalten hatte, dass die Gören uns nachspionieren, wollte ich ihnen nur eine kleine Lektion erteilen. Da ich wusste, dass sie ihre Nasen in alles reinstecken, habe ich ihnen den Korb absichtlich zur Beaufsichtigung gegeben. Die drei werden uns künftig mit Sicherheit in Ruhe lassen."

„Na, hoffentlich", erwiderte ihr Sohn. „Wir dürfen auf keinen Fall riskieren, dass jemand mitbekommt, was wir vorhaben."

„Und du, mein Junge", wandte sich die Frau jetzt an den Schreiber. „Hast du mehr über die Schlüssel herausgefunden?"

„Natürlich, Mutter", erwiderte der Mann stolz. „Es gibt drei Stück. Einer ist beim Pharao, der andere bei Maja. An die komme ich nicht ran. Der dritte Schlüssel liegt in einer Figur versteckt. Ich habe zufällig mitgehört, wie Maja dem Pharao den Ort beschrieben hat."

„Und? Sag schon!" Henhenet war sichtlich aufgeregt.

„Neben dem Eingang zur Schatzkammer stehen vier Figuren", fuhr der Schreiber fort. „Die, in der sich der Schlüssel befindet, trägt einen Ohrring im linken Ohr und einen Halskragen mit sieben Perlenreihen. Auf ihrem Körper stehen mehrere Hieroglyphen. Der Text ist uninteressant, wichtig ist nur, dass ein Skarabäus und keine Eule unter den Schriftzeichen ist."

„Gute Leistung", lobte die Alte den Mann. „Noch zwei Tage, und wir sind reich."

„Ja“, nickte der Schreiber. „Ich hoffe nur, dass alles nach Plan verläuft, die Wachposten ihr Festbier trinken, alle Palastbewohner nach Theben zum Opetfest übersetzen ...“

„Die wollen die Schatzkammer ausrauben“, flüsterte Sitamun erschrocken, als die Geschwister wenig später zurück zu Senenmut eilten. „Und Neferhotep will Vater gar nicht ermorden! Henhenet hat den Fisch vergiftet!“

„Ich habe den anderen Sohn schon mal irgendwo gesehen“, murmelte Sobek nachdenklich. „Allerdings erinnere ich mich nicht mehr, wo.“

„Du hast Recht“, stellte Hesire aufgeregt fest. „Ich glaube, er ist einer von Majas Schreibern. Vater weiß bestimmt, wie er heißt. Komm, wir fragen ihn.“

Senenmut stand immer noch an der gleichen Stelle und beobachtete die letzten Nubier, die auf den Palast zuschritten.

„Vater“, rief Hesire atemlos. „Wie heißt Majas Schreiber?“

„Majas Schreiber?“ Verwundert blickte er seinen Sohn an. „Maja hat mehrere Schreiber. Menmire, Pentawe, Nebamun und Kenefer.“

„Wie sehen die Männer aus?“, wollte Sitamun wissen.

Der Vater nahm ein Stöckchen und skizzierte die Umrisse der vier Schreiber in den Sand. „Ungefähr so“, meinte er. „Doch warum interessiert euch das?“

Die Geschwister betrachteten die Umrisse.

„Ich weiß, um welchen Schreiber es sich handelt“, meinte Sitamun schließlich.

? *Welcher Schreiber ist Henhenets Sohn?*

Erfolglose Audienz

„Pentawe“, erklärte Sitamun dem Vater aufgeregt, „hat vor, die königliche Schatzkammer auszurauben.“

„Unsinn!“, lachte der Vater. „Ihr müsst endlich aufhören, hinter allem eine Verschwörung zu sehen. Erst seid ihr überzeugt, eure Stiefmutter habe es auf mein Leben abgesehen, dann meint ihr, dass ihr jemand absichtlich eine Giftschlange schickt, und jetzt behauptet ihr, ein Schreiber Majas wolle die Schatzkammer ausrauben.“ Kopfschüttelnd studierte er den Stand der Sonne. „Oje, ist es tatsächlich schon so spät! Jetzt muss ich mich aber sputen. Ich habe einen Termin im Finanzamt. Ihr müsst alleine nach Hause gehen.“

„Kein Problem“, antwortete Sobek eilig, denn er hatte bereits andere Pläne. „Das schaffen wir schon.“

„Und was jetzt?“, fragte Hesire, als die Geschwister in Richtung Villenviertel losmarschierten. „Gehen wir wirklich nach Hause?“

„Natürlich“, grinste Sobek. „Doch zuerst machen wir einen Abstecher zum Palast.“

„Dort werden sie unsere Geschichte ebenso wenig glauben", beschwerte sich Sitamun. „Erwachsene denken ständig, dass wir nur spielen und uns alles ausdenken."

„Eben", erklärte Sobek. „Deswegen besuchen wir den Pharao persönlich. Der ist schließlich selbst noch ein Junge und wird uns sicher glauben."

„Den Pharao?" Sitamun starrte ihren Bruder fassungslos an. „Und wie sollen wir das zu Wege bringen?"

„Na, ganz einfach. Wir bitten um eine Audienz."

Wenig später standen die drei vor dem Monumentaltor, durch das nur wenige Augenblicke zuvor Heje und die nubischen Gesandten in den Hauptpalast gezogen waren. Die hohen Türflügel mit den schweren bronzenen Beschlägen waren geschlossen. Sobek hämmerte mit seiner Faust dagegen, doch nichts rührte sich. Die bewaffneten Wachposten, die stumm auf beiden Seiten des Eingangs standen, ignorierten die Kinder. Selbst als Sobek die Männer anflehte, sie doch einzulassen, da es sich um einen Notfall handelte und sie unbedingt den Pharao sprechen müssten, zuckten sie nicht mit der Wimper.

„Hier kommen wir nicht weiter", stellte Sitamun trocken fest.

„Wir könnten im Palastgarten auf den Pharao warten", schlug Hesire leise vor.

„Wie bitte?"

„Es gibt einen kleinen, unbewachten Seiteneingang in der Mauer", erklärte er. „Ich habe schon oft beobachtet, wie dort Gärtner ungehindert ein und aus gingen."

„Und wer garantiert uns, dass Tutenchamun tatsächlich dort auftaucht?" Sobek schien keineswegs überzeugt zu sein. „Wir könnten ewig auf ihn warten."

„Denkt doch mal nach", erläuterte Hesire seinen Plan. „Ein Treffen mit dem Vizekönig und der nubischen Delegation ist sicher langweilig. Ich möchte wetten, dass der Pharao, sobald alles vorüber ist, Lust hat zu schwimmen oder mit seinen Höflingen im Garten um die Wette zu rennen."

„Na gut", gab Sobek nach. „Und wo ist dieser Eingang?"

„Gleich hier um die Ecke." Doch Hesire hatte sich getäuscht. Ein Wachposten stand vor der niedrigen Tür.

„So ein Mist", fluchte er. „Heute geht aber auch alles schief."

„Es gibt noch eine andere Möglichkeit", beschwichtigte ihn seine Schwester. „Ich lenke den Mann ab, während ihr in den Garten schleicht. Danach warte ich in der Seitengasse auf euch."

„Und wie willst du den Mann ablenken?" Ihr Bruder musterte sie misstrauisch.

„Das überlass ruhig mir. Versteckt euch hinter dieser Säule, und seid bereit, jeden Augenblick loszulaufen.“

Die Jungen mussten nicht lange warten.

„Hilfe! Eine Kobra! Hilfe!“, brüllte Sitamun, so laut sie konnte.

Ohne zu zögern verließ der Wächter seinen Posten, um dem Mädchen zu Hilfe zu eilen. Während er nach der Schlange suchte und gleichzeitig beruhigend auf Sitamun einsprach, schlüpften die Jungen heimlich in den Garten.

Vom Seiteneingang liefen sie einen schmalen Weg entlang, der sich um mehrere Ecken wand. Zu beiden Seiten hatte man Blumenbeete angelegt, über deren Artenvielfalt selbst die Jungen staunten. Da gab es Blüten in allen Schattierungen des Regenbogens: blaue Kornblumen, rote Mohnblüten, gelbe Chrysanthemen, lilafarbenen Rittersporn …

„Psst“, raunte Sobek plötzlich seinem Bruder zu. „Hast du das auch gehört?“

Hesire nickte stumm. Ganz in der Nähe konnte man ein leises Kratzen wahrnehmen. Vorsichtig blickten die Jungen um die nächste Ecke. Ein Gärtner war dabei, den Weg zu fegen und verwelkte Blütenblätter einzusammeln. Ohne dass der Mann sie bemerkte, machten sie kehrt und bogen in einen Seitenweg ein. Wenig später erreichten sie einen rechteckigen Teich, auf dessen Oberfläche hellblaue Lotusblüten schwammen. Doch bis auf eine Libelle, die lautlos über den Blüten tanzte, und den Fischen, die sich im klaren Wasser tummelten, war nichts zu sehen. Der Garten schien wie ausgestorben. Am anderen Ende des Wasserbeckens, neben einem Granatapfelbaum, stand ein luftiger Pavillon, der von Kübelpflanzen umrahmt war.

„Komm", schlug Sobek vor. „Wir setzen uns dort in den Schatten und warten auf den Pharao."

„Da könnt ihr heute lange warten“, rief eine helle Stimme direkt hinter den beiden Jungen. „Zunächst jedoch Hände hoch, sonst schieße ich.“

Erschrocken blickten sich die beiden Brüder um. Hinter ihnen stand ein Junge, einen angespannten Bogen in der Hand, den Pfeil direkt auf die Eindringlinge gerichtet.

„Was habt ihr im königlichen Palastgarten zu suchen?“, fragte er streng.

„Wir müssen den Pharao warnen“, erwiderte Sobek. „Man will seine Schatzkammer ausrauben.“ Neugierig musterte er den Jungen, der nicht die für Kinder übliche Seitenlocke trug. Stattdessen hing ihm sein Haar in wilden Locken um den Kopf.

In Stichworten berichteten Sobek und Hesire, was sie am Morgen im Hafen erfahren hatten.

„Die Dienerin eurer Stiefmutter will mit ihren Söhnen die königliche Schatzkammer ausrauben? Ist ja nicht zu fassen!“ Der Junge senkte seinen Bogen und begann schallend zu lachen.

„Da gibt es nichts zu lachen“, erklärte Hesire ernst. „Die Bande schlägt am ersten Tag des Opetfestes zu.“

„Tatsächlich?“ Dem Jungen rollten vor lauter Lachen Tränen die Wangen hinab. „Das ist ja eine tolle Geschichte.“ Er glaubte den beiden kein Wort.

„Könntest du uns wenigstens helfen, den Pharao zu finden?“, bat Sobek höflich. „Als Höfling weißt du doch sicher, wann er gewöhnlich in den Garten kommt.“

„Höfling?“ Der Junge hörte schlagartig auf zu lachen. „Ich bin Prinz Aratama aus Mitanni“, erklärte er stolz. „Ich bin kein Höfling. Mein Onkel ist König. Er hat mich an den Hof des Pharaos geschickt, damit ich zusammen mit ihm erzogen werde.“

„Das wusste ich nicht“, murmelte Sobek entschuldigend.

„Heute wird Tutenchamun sicher nicht in den Garten kommen“, fuhr der Prinz fort. „Dazu hat er keine

Zeit. Besprechungen mit ausländischen Delegationen dauern gewöhnlich ewig. Doch ich habe eine bessere Idee. Wenn ihr morgen frühzeitig genug aufsteht, könnt ihr den Pharao in den Schilfwäldern nördlich der Nekropole finden. Er hat vor, dort mit Heje auf Nilpferdjagd zu gehen."

Nachdem sich die beiden Jungen bei Prinz Aratama für den Tipp bedankt hatten, machten sie sich auf den Rückweg. Sie eilten am Teich und den Blumenbeeten vorbei und bogen in einen der zahlreichen Seitenwege ein. Plötzlich ging es nicht mehr weiter: Sie standen vor einer Mauer.

„Eine Sackgasse", murmelte Sobek. „Weißt du, in welche Richtung wir gehen müssen?"

„Keine Ahnung." Hesire zuckte mit den Achseln. „Die Wege sehen alle gleich aus."

Sobek betrachtete die Mauer vor ihnen genauer. Sie war mit geraden Linien bemalt, zwischen denen man bunte Blumen und Bäume erkennen konnte.

„Die Pflanzen in den Beeten sind dem Pharao wohl nicht genug", murmelte er. „Er lässt sich auch noch die Wände damit bemalen."

Hesire blickte dem Bruder über die Schulter. „Sobek", rief er laut. „Das sind nicht irgendwelche beliebigen Pflanzen. Es handelt sich um den Grundriss des Palastgartens. Schau, hier ist der Teich, daneben der Pavillon, und der kleine Pfeil zeigt genau auf die Stelle, an der wir stehen. Wenn wir dem richtigen Weg folgen, dann finden wir ganz schnell aus diesem Labyrinth heraus.“

Welches ist der kürzeste Weg aus dem Palastgarten?

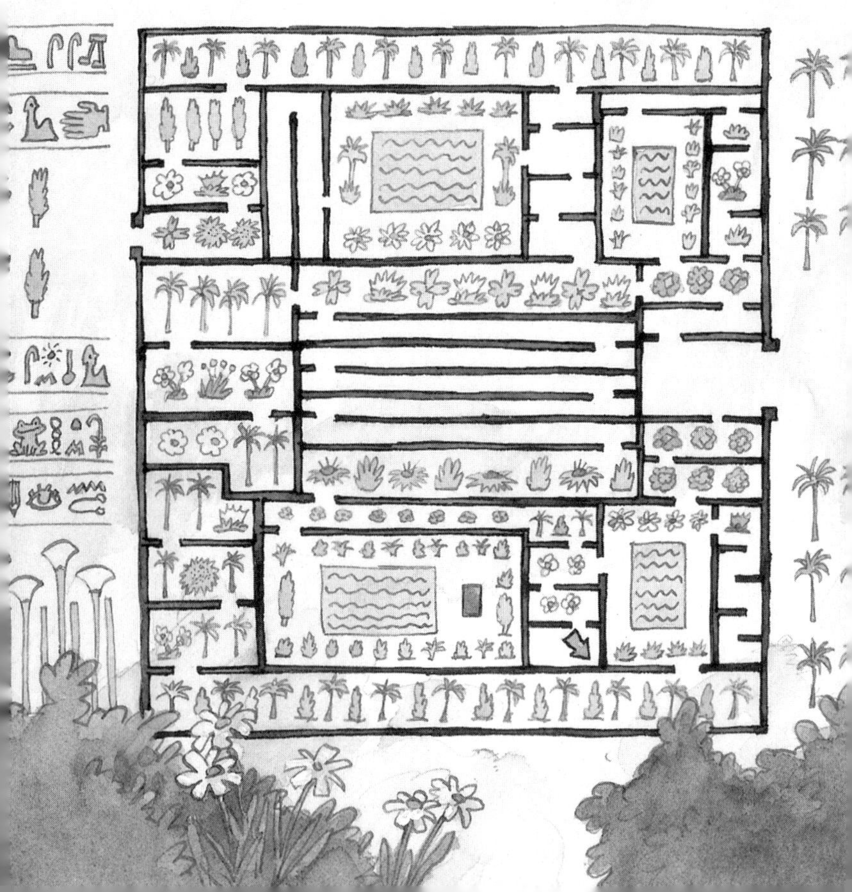

Nilpferdjagd mit Hindernissen

Der Mond, der tief am Horizont stand, spiegelte sich im dunklen, träge dahinfließenden Wasser des Nils. Am östlichen Horizont konnte man bereits einen hellen Streifen erkennen. Die Nacht ging ihrem Ende zu, und der Morgen graute.

„Diese Mücken sind unerträglich", beschwerte sich Sitamun und versuchte, die summenden Insekten mit ihrer Hand zu verjagen.

„Besser Mücken als Krokodile", grinste Hesire.

Die Geschwister hockten im Schneidersitz auf einem kleinen Schilfboot und ließen sich flussabwärts treiben. Sie hatten Malkata zu Fuß mitten in der Nacht verlassen und sich dann am Ufer des Flusses heimlich ein Boot ausgeliehen.

„Das muss die Stelle sein, die Prinz Aratama beschrieben hat", stellte Sobek fest und deutete auf den dichten Papyruswald, der am Ufer wuchs. „Das Gebiet hier ist als guter Jagdgrund bekannt, und viele Adelige kommen regelmäßig her, um Enten und Wildgänse zu jagen."

Vorsichtig ruderten sie auf das Schilfgestrüpp zu,

als es plötzlich dicht neben dem Boot raschelte und etwas ins Wasser platschte. Gleichzeitig stob eine Gruppe Enten auf und flog wild schnatternd davon.

„Ein Krokodil!“, schrie Sitamun und klammerte sich an ihrem älteren Bruder fest.

„Das war nur eine Wasserratte“, klärte Sobek sie auf. Doch auch er atmete erleichtert auf. Es war durchaus nicht ungefährlich in diesem kleinen Boot, da Krokodile tatsächlich oft im Papyrusdickicht ihrer Beute auflauerten.

Verborgen im dichten Schilfgestrüpp, warteten sie schweigend auf die königliche Jagdgesellschaft. Bald schon hörten sie leises Stimmengemurmel und Plätschern. Im nächsten Augenblick sahen sie durch die Schilfstängel hindurch eine Reihe von Barken durchs Wasser gleiten. Sicherheitshalber ruderte Sobek ihr

Boot noch tiefer in den Papyruswald. Er wollte auf keinen Fall riskieren, dass man sie zu früh entdeckte. Von ihrem Versteck aus bot sich ein guter Blick auf Tutenchamuns goldene Barke, die in den ersten Strahlen der Morgensonne glitzerte. Der Pharao stand aufrecht im Boot, eine Harpune in der Hand. Seine junge Frau Anchesenamun, die gelangweilt an einer Lotusblüte schnupperte, kniete zu seinen Füßen. Dicht hinter ihm standen zwei Leibwächter und der Bootsmann, der die Barke vorwärts stakte. Auf einer der weiteren Barken, die das Boot des Pharaos umringten, konnten sie auch Heje, den Vizekönig von Nubien, erkennen. Er hockte gähnend neben einem der nubischen Gesandten.

„Der Bootsführer weiß sicher genau, wo man Nilpferde finden kann“, flüsterte Sobek. „Den größten Teil des Tages dösen sie faul im Wasser oder suhlen sich im Schlamm. Nur nachts gehen sie ans Ufer, um nach Futter zu suchen. Im Morgengrauen kehren sie dann immer an der gleichen Stelle in den Fluss zurück.“

Die Barken der königlichen Jagdgesellschaft glitten fast geräuschlos durch den Schilfwald, als plötzlich vom Ufer her ein lautes Schnauben zu hören war. Ein riesiger Bulle stürmte auf den Fluss zu und sprang ins Wasser, das aufspritzte und eine Reihe Wellen aussandte. Ein aufgeregtes Raunen ging durch die Gruppe. Tutenchamun zückte seine Harpune. Doch statt auf die königliche Barke zuzuschwimmen, brach das riesige Flusspferd durchs Schilfgestrüpp und bewegte sich in rasender Geschwindigkeit auf das kleine Schilfboot der Geschwister zu. Der Bulle hielt einen Augenblick inne, riss sein Maul weit auf und zeigte seine messerscharfen Zähne. Dann begann er, das Boot mit seinem mächtigen Kopf zu rammen.

Die Geschwister hielten sich mit aller Kraft am Bug fest. Immer wieder warf sich das riesige Tier mit all seinem Gewicht gegen das Gefährt, bis es schließlich umkippte und die drei im Wasser landeten. Als ob nichts geschehen sei, wandte sich das Nilpferd nun uninteressiert ab und schwamm auf das Ufer zu.

Wenig später fanden sich die drei Kinder vor Nässe triefend auf einer der Barken der Jagdgesellschaft wieder. Gern hätten sie sofort mit dem Pharao gesprochen, doch niemand hörte ihnen zu. Die Geschwister wurden angewiesen zu schweigen und den Pharao nicht bei der Jagd zu stören. Ohne Verzögerung wurden sie von zwei Wächtern zurück nach Malkata gebracht.

„Hausarrest!“, schimpfte Sobek am nächsten Morgen. „Und das gerade heute! Alle sind in Theben, nur wir sitzen den ganzen Tag hier fest.“

Der Junge hockte mit seiner Schwester im Schatten einer Sykomore im Garten. Sie hatten ein Senetspiel zwischen sich aufgestellt, und Sitamun war gerade dabei, einen Spielstein über die Felder zu ziehen.

„Bei mir brauchst du dich nicht zu beschweren“, antwortete sie schlecht gelaunt. Erfolglos versuchte sie, sich auf ihren Zug zu konzentrieren. „Wenn wir es doch wenigstens geschafft hätten, den Pharao zu warnen!“

„Was musste uns auch dieses dumme Nilpferd in die Quere kommen“, beklagte sich Sobek. „Der Festumzug hat sicher längst begonnen. Die Priester sind vermutlich gerade dabei, die Amunstatue vom Tempel in Karnak nach Luxor zu tragen. Ich hätte so gern die Musiker, Sänger und Tänzer gesehen, die mit den Priestern mitlaufen!“

„Wie kannst du nur an den Umzug denken?“ Ernst blickte Sitamun vom Spielbrett auf. „Während der Pharao und sein Hofstaat sich ahnungslos am anderen Flussufer vergnügen, können die Verbrecher jeden Augenblick zuschlagen und die Schatzkammer ausrauben.“ Wütend schlug sie die Spielsteine vom Brett. „Ich habe keine Lust zum Spielen!“

„Sobek, Sitamun!“, hörten sie Hesires Stimme vom Haus her. Er kam quer über die Blumenbeete auf seine Geschwister zugesprungen und winkte ihnen aufgeregt mit einem kleinen grauen Gegenstand zu.

„Was ist los?“ Die beiden blickten den jüngeren Bruder erwartungvoll an.

„Hier“, stolz präsentierte er ihnen ein Ostrakon, auf dem eine zusammengerollte Schlange abgebildet war.

„Und?“ Seine Schwester musterte die Scherbe. „Was ist damit?“

„Ich habe Henhenets Kammer durchsucht und dies dabei gefunden“, erklärte Hesire. „Schaut euch die Zeichnung mal genau an.“

Sobek untersuchte die Abbildung. „Man kann auf der Schlange Zahlen erkennen“, stellte er fest.

„Richtig“, erwiderte sein Bruder. „Und hier steht ‚Geheimcode Schatzkammer‘.“

„Ob das etwas mit dem Raub zu tun hat?“, überlegte Sobek aufgeregt.

„Natürlich!“, antwortete Hesire. „Allerdings verstehe ich nicht, welche Rolle der Geheimcode spielen soll.“

Sitamun wickelte nachdenklich das Ende eines Zopfes um den Zeigefinger. „Vielleicht braucht man die Zahlen zusätzlich zum Schlüssel“, fiel ihr ein. Dann runzelte sie die Stirn. „Allerdings nützt uns das jetzt auch nichts mehr. Es ist viel zu spät, etwas zu unternehmen.“

„Ist es nicht“, widersprach Hesire. „Wir könnten wenigstens versuchen, die Palastwache zu alarmieren.“

„Und wie stellst du dir das vor? Wir sitzen hier fest!“

Hesire schüttelte den Kopf. „Wir könnten uns aus dem Haus schleichen. Außer uns ist nur der Torhüter im Haus. Wenn wir zum Seitenausgang entwischen, bemerkt er es vielleicht nicht einmal.“

„Die Idee könnte von mir stammen“, grinste Sobek.

Doch Sitamun zögerte noch. Ihr war plötzlich eingefallen, dass Henhenets Sohn Schlafmittel in das Bier geben sollte. „Was, wenn die Wachposten bereits ihr Freibier getrunken haben?“ fragte sie.

„Ach, komm!“, ermunterte Hesire seine Schwester. „Wir versuchen es zumindest. Das ist immer noch besser, als tatenlos herumzusitzen.“ Er griff nach dem Ostrakon. „Das nehmen wir mit.“ Er betrachtete die Zeichnung noch einmal gründlich. „Schade, dass genau die Ziffer, auf die der Pfeil zeigt, fehlt.“

„Aber das macht doch nichts“, erklärte Sobek. „Die fehlende Zahl kann man ganz leicht ausrechnen.“

„Das verstehe ich nicht“, wunderte sich Hesire. „Wie willst du das denn machen? Kannst du zaubern?“ Auch Sitamun verstand ihren Bruder nicht. Sobek lachte nur.

„Mit Zauberei hat das nichts zu tun. Schaut euch nur mal die Zahlen genauer an. 2, 5, 4 … Es handelt sich um eine Zahlenreihe. Wenn wir herausfinden, welches System dahinter steckt, dann wissen wir, welche Zahl logischerweise nach 11 folgt.“ Angestrengt begann er zu rechnen.

Welche Zahl fehlt?

Das Geheimversteck

Alles lief nach Plan, und wenig später eilten die Geschwister durch die menschenleeren Gassen und Straßen der Palaststadt. Tatsächlich hatten schon fast alle Bewohner am frühen Morgen Malkata verlassen, um zum Festzug nach Theben überzusetzen. Nur von den Ställen und aus der Palastküche waren gedämpfte Geräusche zu hören.

Auch der Haupteingang des Palastes lag verlassen in der Mittagssonne.

„Wo ist die Palastwache?“, fragte Sobek und blickte sich verwundert um. Die bewaffneten Männer, die gewöhnlich das hohe Tor bewachten, waren nirgendwo zu sehen.

„Bei Amun!“, rief Sitamun entsetzt. „Die Bande hat bereits zugeschlagen!“ Sie hatte die beiden Wachen entdeckt: Sie schlummerten tief und fest unterhalb der Stufen. Gleich neben ihnen auf dem sandigen Boden lagen die umgekippten Bierbecher.

„Wir sind zu spät!“ Auch Sobek war sichtlich fassungslos. „Henhenet und ihre Söhne sind sicher längst über alle Berge.“

„Andererseits“, erwog Hesire, „könnten die Verbrecher auch gerade erst dabei sein, die Schatzkammer auszuräumen. Dann könnten wir die Bande immer noch stellen.“

Sitamun stieg hoffnungsvoll die Stufen zum Tor hoch. „Seht nur“, verkündete sie erfreut, „die Türflügel sind nur angelehnt. Wir können hinein!“

Ein langer Korridor, der von schmalen Fenstern dicht unter der Decke schwach erhellt war, führte vom Eingangsportal in den Palast hinein. Das Mädchen schlüpfte durch den Spalt, ihre beiden Brüder dicht auf den Fersen. Nach einer Weile erreichten sie eine große Halle.

„Und wo genau ist die Schatzkammer?“, erkundigte sich Hesire ungeduldig. „Die finden wir schon“, beruhigte ihn seine Schwester, die staunend den Raum betrachtete. „Ist das die Audienzhalle?“

„Keine Ahnung“, murmelte Sobek. „Ich war auch noch nie im Palast.“

„Schaut mal den Fußboden an.“ Sitamun bückte sich, um ihn genauer zu betrachten. „Der ist mit gefesselten Menschen bemalt.“

„Das sind Feinde Ägyptens“, erklärte Sobek. „Der Pharao soll auf den Sohlen seiner Sandalen ähnliche Figuren abgebildet haben.“

„Wieso denn das?“ Das Mädchen verstand nicht.

„Jedes Mal, wenn er einen Schritt macht oder wenn jemand über den Fußboden der Halle läuft, werden die Feinde unseres Landes symbolisch mit den Füßen getreten.“

„Quatscht nicht so viel“, mahnte Hesire seine Geschwister. „Suchen wir lieber die Schatzkammer.“

Die drei drangen tiefer und tiefer in den Palast ein. Sie eilten durch Korridore, vorbei an weitläufigen Sälen, durchquerten eine riesige Säulenhalle und öffneten jede Tür, an der sie vorübergingen. Doch den Eingang zur königlichen Schatzkammer fanden sie nicht.

„Vielleicht müssen wir dort entlang“, schlug Hesire vor und wollte gerade in einen schmalen Flur einbiegen, als ihn ein leises Geräusch aufhorchen ließ. Im nächsten Augenblick erklang dicht hinter den Geschwistern eine Stimme.

„Ihr seid umstellt! Wenn ihr euch nicht sofort ergebt, werde ich schießen.“

Sie hielten jäh inne und drehten sich langsam um. Breitbeinig im Gang stand Prinz Aratama, die Sehne seines Bogens angespannt.

„Ach, du bist es schon wieder“, atmete Sobek erleichtert auf. Für Sitamun fügte er erklärend hinzu: „Darf ich vorstellen, Seine Königliche Hoheit Prinz Aratama aus Mitanni.“ Er verbeugte sich. „Und das ist meine Schwester Sitamun.“

Doch der Prinz ignorierte das Mädchen. „Euren Plan, die königliche Schatzkammer auszurauben“, stieß er mürrisch hervor, „könnt ihr vergessen.“

„Aber wir wollen doch nicht die Schatzkammer ausrauben“, verteidigte sich Sobek. „Ganz im Gegenteil! Wir wollen den Raub verhindern.“

„Ihr lügt“, widersprach ihm der Prinz. „Ich habe euch schon eine ganze Weile belauscht. Ich weiß, dass ihr zur Schatzkammer wollt. Ihr habt vor, sie auszurauben. Wieso solltet ihr sonst danach suchen?“

„Das haben wir dir bereits vor zwei Tagen im Palastgarten erklärt“, schnaubte Sobek genervt. „Kannst du dich nicht mehr erinnern?“

„Natürlich“, kicherte Aratama. „Das war der beste Witz, den ich seit langer Zeit gehört hatte: Die Dienerin eurer Stiefmutter plant, die königliche Schatzkammer auszurauben.“

„Richtig“, erwiderte Sobek. „Und vermutlich sind Mutter und Söhne gerade in diesem Augenblick dabei, ihre Beute aus dem Palast zu schaffen. Uns bleibt nicht mehr viel Zeit, wenn wir sie daran hindern wollen.“

„Dann ist es also doch kein Lügenmärchen?“

„Du hast es erfasst.“

Der Prinz musterte die Geschwister unsicher, dann senkte er langsam seinen Bogen. „Gut“, sprach er. „Ich will euch glauben. Folgt mir. Ich kenne den Weg zur Schatzkammer.“

Im Gänsemarsch zogen sie hinter dem Prinzen durch einen Flur, dessen Boden mit Fischen und Krokodilen bemalt war. An den Wänden konnte man auffliegende Vögel und Schilfgras erkennen.

„Wieso seid ihr eigentlich nicht beim Umzug in Theben?“, wunderte sich der Prinz, während er zielstrebig den Gang entlangmarschierte.

„Hausarrest“, antwortete Hesire kurz. „Und du?“

„Ich bin aus Mitanni“, erwiderte Aratama. „Wir haben andere Götter. Wieso sollte ich da dem Fest eines ägyptischen Gottes beiwohnen?“ Er blieb kurz stehen und deutete auf einen Durchgang, der mit einem schweren, golddurchwirkten Vorhang verhängt war. „Hier geht es zu den Privatgemächern des Pharaos. Der Gang auf der anderen Seite führt zur Schatzkammer. Es ist nicht mehr weit.“

Sitamun zögerte kurz und blieb stehen. Der Gedanke, einen Blick auf die königlichen Schlafgemächer zu werfen, war einfach zu verführerisch. Gerade wollte sie den schweren Vorhang auf die Seite ziehen, als sie ein durchdringender Schreckensschrei zusammenzucken ließ. Sie ließ den Vorhang fallen und folgte den Jungen.

„Was ist los?“, flüsterte sie mit erstickter Stimme.

„Die Wachen“, murmelte Prinz Aratama, während er sich panisch über einen der Männer beugte, die zu beiden Seiten einer großen Flügeltür auf dem Boden lagen. „Die Verbrecher haben sie ermordet!“

„Keine Sorge“, beruhigte ihn Sobek. „Die schlafen nur. Die Bande hat ihnen ein Schlafmittel gegeben.“

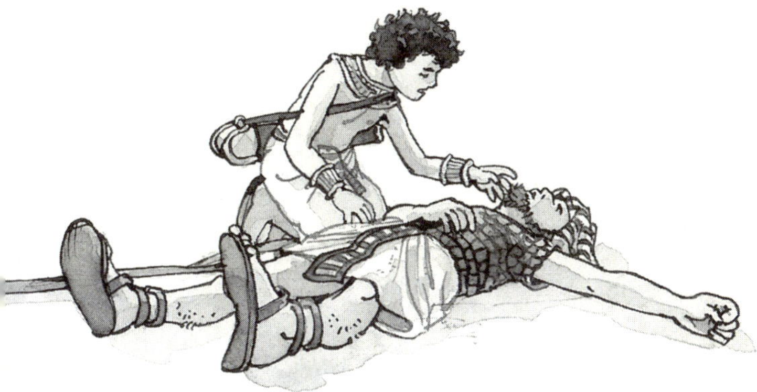

Vorsichtig näherte er sich der Tür und steckte seinen Kopf durch den Spalt. „Niemand zu sehen“, stellte er leise fest.

„Das ist der Vorraum zur Schatzkammer“, belehrte ihn der Prinz, der sich wieder beruhigt hatte. „Von dort kommen wir allerdings ohne einen Schlüssel nicht weiter. Und den hat der Pharao.“

„Abwarten!“, verkündete Sobek, als sie den fensterlosen Raum, der nur durch eine Alabasterleuchte erhellt war, betraten. Er hatte die vier Figuren, die die Längsseite des Raumes säumten, gleich entdeckt.

„Es gibt einen weiteren Schlüssel“, erklärte er dem Prinzen. „Er ist in einer dieser Statuen versteckt. Und wir wissen, in welcher.“

Prinz Aratama begutachtete die Statuen ungläubig. „Aber die schauen doch alle gleich aus.“

„Nein“, Sitamun schüttelte den Kopf. „Schau mal genauer hin. Jede Figur unterscheidet sich von den anderen. Vor ein paar Tagen haben wir zufällig mitgehört, wie einer von Henhenets Söhnen die Statue mit dem Schlüssel genau beschrieben hat.“

„Und welche ist es?“ Ungeduldig zupfte der Prinz an der Sehne seines Bogens.

„Die Figur, in welcher der Schlüssel versteckt ist, trägt einen Halskragen, der aus sechs Perlenreihen besteht“, begann Sobek. „Nein, sieben. Oder waren es acht?“ Er runzelte die Stirn. „So ein Mist, ich habe die Anzahl vergessen.“

„Ich kann mich noch genau erinnern, was der Mann gesagt hat“, meldete sich sein Bruder zu Wort. „Die Figur muss einen Ohrring tragen, und auf ihrem Körper sollen bestimmte Hieroglyphen stehen.“

„Ach ja?“ Der Prinz musterte die Jungen spöttisch. „Das hilft uns wirklich weiter.“

Hesire blickte Hilfe suchend zu seiner Schwester. „Du hast doch immer so ein gutes Gedächtnis. Du kannst dich sicher noch an die genauen Einzelheiten erinnern, oder?“

Sitamun betrachtete schweigend die vier Figuren. „Ich hab’s“, rief sie plötzlich. „Es ist diese hier.“ Sie deutete auf eine der Statuen.

In welcher Statue ist der Schlüssel versteckt?

In der Falle

Prinz Aratama tastete die Statue von oben bis unten ab. „Hier ist kein Schlüssel versteckt“, stellte er enttäuscht fest.

„Vielleicht liegt er darunter“, schlug Sobek vor, doch so sehr er auch an der Statue rüttelte, sie bewegte sich nicht von der Stelle.

„Der Geheimcode!“, platzte Hesire plötzlich hervor. Er hatte auf der Rückseite der Figur die Zeichnung einer zusammengerollten Schlange entdeckt. Vorsichtig strich er über den Schlangenkörper, dessen Zahlensegmente beweglich waren.

„Die Nummer 10“, keuchte Sobek atemlos.

Hesire drückte mit seinem Zeigefinger auf die Zahl, die Taste gab nach und ließ gleichzeitig ein verborgenes Türchen am Fuß der Statue aufspringen. Aufgeregt griff er in die Öffnung. „Es ist leer“, teilte er den anderen enttäuscht mit.

„Ich weiß aber, wo der Schlüssel ist“, verkündete Prinz Aratama, der inzwischen die Tür zur Schatzkammer näher untersucht hatte. „Er steckt im Schloss. Außerdem ist die Tür sowieso nur angelehnt.“

„Psst“, wies Sitamun die Jungen zurecht. „Hört ihr das auch?“ Schwaches Klirren drang aus dem Raum.

„Sieht so aus, als sei die Bande tatsächlich noch in der Schatzkammer“, kombinierte Sobek.

„Und das bedeutet, dass wir ganz schnell einen Plan benötigen.“

„Plan?“ Aratama blickte ihn fassungslos an. „Ihr habt keinen Plan?“

Sobek zuckte mit den Achseln, während er langsam die Tür öffnete. „Vielleicht sollten wir erst einmal ...“ Staunend hielt er inne. Auch die anderen hielten den Atem an. Nur Prinz Aratama blieb gelassen. Für ihn waren Schätze nichts Besonderes.

Im Schein mehrerer Öllampen glitzerte und funkelte es. Hier standen Kisten, die von Goldbarren überquollen, neben Schalen, in denen kostbare Edelsteine und bunte Perlen funkelten. In einer Nische konnte man Stoffballen der feinsten Gewebe erkennen, daneben stapelten sich aufgerollte Teppiche. Es gab Schatullen voller Schmuck, Dolche, deren Griffe mit Edelsteinen besetzt waren, goldene Statuen ... Und mitten in all den Schätzen stand Henhenet und raffte mit verzücktem Gesicht kostbare Juwelen in einen Sack. Panek kniete neben seiner Mutter und wühlte in einer Truhe.

Hesire stieß vor lauter Staunen einen Pfiff aus. Erschrocken hielt er sich die Hand vor den Mund, doch Henhenet hatte das Geräusch gehört und sah auf. Sie erkannte die Kinder sofort.

„Schnapp sie dir“, befahl sie ihrem Sohn, der folgsam aufstand und bedrohlich auf die Kinder zuschritt. Im Vorübergehen griff er nach einem Dolch, den er angriffslustig in der Luft schwenkte.

„Schnell weg hier“, stieß Sitamun hervor und rannte auf den Ausgang der Vorkammer zu.

„Nur nichts übereilen“, grinste Prinz Aratama. Gelassen schob er Hesire und Sobek auf die Seite und gab der Tür einen heftigen Tritt. Sie schnappte ins

Schloss, und Aratama zog den Schlüssel. Gerade noch rechtzeitig. Nur eine Sekunde später, und Panek hätte ihn mit seinem Dolch erwischt.

„Die kommen hier nicht so schnell wieder raus", grinste der Prinz und hob den schweren Holzschlüssel triumphierend hoch. „Ich kenne diese Schlösser. Sie stammen aus Mitanni." Ein spitzer Schrei ließ ihn innehalten.

Sitamun, die bereits auf dem Weg nach draußen gewesen war, hatte auf dem Absatz kehrtgemacht. Wortlos deutete sie auf einen großen, dunklen Schatten, der breitbeinig im Türrahmen stand und den Ausgang versperrte. Pentawe, der zweite Sohn.

„Wer kommt hier nicht so schnell wieder heraus?“, fragte er mit Unheil verkündender Stimme, während man aus der Schatzkammer lautes Hämmern und Rufen vernahm.

„Einen Augenblick Geduld“, rief er seiner Mutter und dem Bruder zu. „Ich muss nur ein paar Ungeziefer beseitigen.“

Sobeks Gedanken rasten, ohne dass er den Mann aus den Augen ließ. Pentawe war kräftig. Seine Armmuskeln waren gewaltig. Allerdings schien er unbewaffnet zu sein, zudem war er allein. Die Kinder dagegen waren zu mehreren und, zumindest Prinz Aratama, bewaffnet. Es sollte möglich sein, den Mann zu überwältigen.

„Aratama“, zischte er dem Prinzen kaum hörbar zu. „Dein Bogen.“

Der Prinz begriff sofort. Blitzschnell zog er einen Pfeil aus dem Köcher und spannte die Sehne. Pentawe ließ sich nicht einschüchtern und kam stetig näher. Dann hörte man ein leises Zischen. Ein Pfeil sauste durch den Raum: Der Prinz hatte auf die Wade des Mannes gezielt.

„Volltreffer“, grinste er, als Pentawe vor Schmerz aufschrie und wie wild im Kreis herumtanzte. Aus der Wunde tropfte Blut.

Obwohl sich der Mann nach wie vor heftig wehrte, war es für die Jungen jetzt ein Kinderspiel, ihn zu Boden zu zwingen. Sobek setzte sich auf seine Brust, und Hesire und Aratama hielten je einen zappelnden Arm fest. Sitamun rannte in den Gang hinaus, um Hilfe zu holen. Kurz darauf kehrte sie mit zwei gähnenden Wachposten zurück.

„Das Festbier hat es aber in sich gehabt", sagte der eine zu seinem Kollegen und rieb sich den Schlaf aus den Augen. Verblüfft blieb er stehen, als er Pentawe am Boden liegen sah. Doch die Männer erfassten die Situation schnell, fesselten den Mann und führten ihn ab. Henhenet und Panek dagegen saßen noch länger in der Schatzkammer fest. Sie mussten warten, bis die restlichen Wachen aus ihrem Tiefschlaf erwacht waren.

„Und ihr habt wirklich gedacht, ich wollte euren Vater ermorden?“, fragte Neferhotep am nächsten Morgen die Geschwister. Sie schüttelte ungläubig den Kopf. „Wie seid ihr denn nur auf diese Idee gekommen?“

Senenmut, seine Frau und die Kinder saßen im Garten und genossen die kühle Morgenfrische. Bald würde es zu heiß sein, um im Freien zu sitzen.

„Wegen des vergifteten Fisches, den Tamiu gefressen hat“, erklärte Sitamun. „Der hat uns auf deine Spur gebracht. Als uns das Küchenmädchen erzählte, dass die Köchin ihn für Vater aufheben sollte, dachten wir, du wolltest ihn damit vergiften.“ Verlegen zupfte sie sich am Ohrläppchen.

„Vergiss den Ohrring nicht“, ergänzte Sobek. „Der hat unseren Verdacht bestätigt.“

„Ich hatte ihn wirklich schon seit ein paar Tagen vermisst“, beteuerte Neferhotep. „Ehrlich! Ich muss ihn verloren haben, als ich einmal ein Tonschälchen aus der Küche geholt habe.“

„Eure Stiefmutter könnte keiner Fliege etwas zu Leide tun“, bemerkte der Vater. „Ihr kennt sie wirklich nicht gut genug.“

„Das lässt sich sicher leicht ändern.“ Neferhotep blickte die Kinder freundlich an. „In Zukunft sollten wir etwas mehr Zeit miteinander verbringen, damit wir uns besser kennen lernen."

In diesem Augenblick kam ein Diener herbeigeeilt. Er flüsterte Senenmut etwas ins Ohr.

„Hoher Besuch hat sich angemeldet", verkündete der Vater.

„Sollen wir gehen?" Sitamun wollte nicht stören.

„Nein, bleibt hier", lächelte Senenmut geheimnisvoll. „Der Besuch ist für euch."

„Für uns?", wunderten sich die Geschwister und blickten neugierig dem Diener hinterher, der zurück zum Eingangstor eilte. Kurz darauf kam er wieder den Weg entlang, begleitet von Maja und seinem Gefolge.

„Prinz Aratama!“, rief Sobek erfreut, als er den mitannischen Prinzen hinter dem obersten Schatzmeister erkannte.

„Seine Königliche Hoheit, der Pharao Tutenchamun, möchte seine Dankbarkeit erweisen“, erklärte Maja. Er deutete einem seiner Diener an, vorzutreten. Erst jetzt bemerkten die Kinder, dass die Diener alle mit Geschenken beladen waren. Der erste präsentierte Sitamun eine kleine Schatulle. Vorsichtig öffnete das Mädchen den Behälter.

„Ein Diadem!“, rief sie erfreut und bestaunte den Haarreif, in dem kleine blaue Blumen aus Lapislazuli eingelegt waren.

„Das ist ja nur eine Kleinigkeit“, erklärte Maja, „in Anbetracht dessen, was ihr für den Pharao getan habt.“

Als Nächstes waren die beiden Jungen an der Reihe, die je einen Bogen und einen Köcher mit Pfeilen erhielten.

„Das war meine Idee“, prahlte Prinz Aratama stolz. „Man kann ja nie wissen, zu was ein Bogen gut sein kann“, und er zwinkerte ihnen verschmitzt zu.

Es folgten Tiegel mit Salben, feine Stoffe, mehrere Amulette und vieles mehr. Der letzte Mann trug einen Binsenkorb.

„Das ist für euch alle", erklärte Maja. „Aus reinster königlicher Zucht."

Sitamun griff nach dem Korb und wollte ihn schon öffnen, als sie ein leises Fauchen hörte.

„Eine Schlange", rief sie entsetzt. Doch dann nahm sie allen Mut zusammen und schob den Deckel vorsichtig zur Seite. Ein kleines flauschiges Kätzchen blickte die Kinder mit großen Augen an.

„Eine Katze!", rief Sitamun erfreut und kraulte das Tier, das gleich zufrieden zu schnurren begann.

Lösungen

Gift in der Küche

Die abgefressene Gräte unter dem Tisch deutet darauf hin, dass Tamiu einen Fisch gefressen hat.

Der verlorene Ohrring

Ja, es gibt einen passenden Ohrring.

Höchst verdächtig

Henhenet soll zu den königlichen Werkstätten gehen.

Auf heißer Spur

Der Text lautet: Lieber Panek, der beste Termin für unseren Plan ist der erste Tag des Opetfestes. Unsere Mutter Henhenet weiß Bescheid. Dein Bruder

Eine gefährliche Überraschung

Die Schlange hat sich im Gebüsch versteckt.

Ein geheimes Treffen

Der Schreiber heißt Pentawe.

Erfolglose Audienz

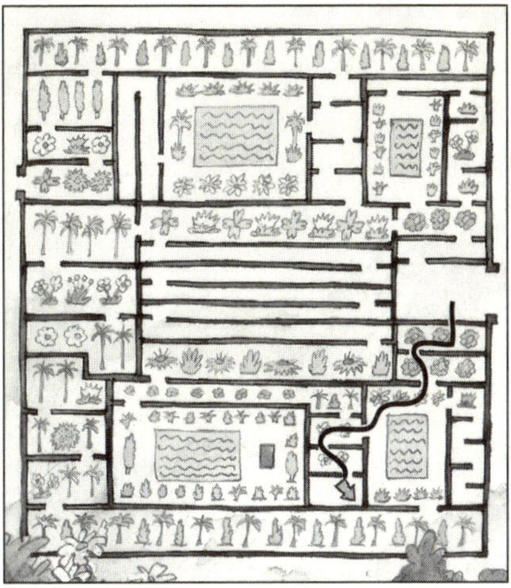

Nilpferdjagd mit Hindernissen

Die fehlende Zahl ist 10: Von innen nach außen gesehen rechnet man immer erst plus 3 und dann minus 1.

Das Geheimversteck

Der Schlüssel ist in der zweiten Figur versteckt.

Glossar

Alabaster: weiße oder gelbe, leicht lichtdurchlässige Gipsart, die zur Herstellung von Statuen, Schalen, Lampen und anderen Kunstgegenständen verwendet wurde

Amulett: meist ein kleiner Anhänger oder Gegenstand, der seinen Träger vor Unglück und Gefahren schützen soll

Amun (auch Ammon): Hauptgottheit der Stadt Theben und Reichsgott Ägyptens. Ihm zu Ehren wurden in Ost-Theben große Tempelanlagen errichtet und einmal jährlich das Opetfest veranstaltet.

Anchesenamun: Ehefrau und Halbschwester Tutenchamuns

Balsamierer: Handwerker, der Leichen von Menschen und Tieren mumifizierte, um die Körper zu erhalten

Barke: kleineres Boot

Ebenholz: wertvolles, sehr haltbares dunkles Holz, das zur Herstellung von Särgen und Schiffen verwendet wurde

Elfenbein: Material, aus dem die Stoßzähne der Elefanten bestehen. Aus Elfenbein werden Schmuck, Figuren und Geräte geschnitzt.

Eselsfeigen: essbare Früchte der Sykomoren

Halskragen: breite Halskette aus mehreren zusammenhängenden Reihen von Perlen

Hathor: ägyptische Göttin der Musik und des Tanzes

Heje (auch Hui): Vizekönig Nubiens

Hethiter: ein Volk, das im Gebiet der heutigen Türkei lebte

Hieroglyphen: Schriftzeichen, die hauptsächlich für Inschriften auf Denkmälern verwendet wurden. Dabei standen manche der über 700 verschiedenen Zeichen für einen Begriff, andere stellten Laute dar. Für den täglichen Gebrauch benutzten Schreiber eine einfachere Schreibschrift.

Karnak: Tempelbezirk Thebens, in dem sich der Haupttempel des Gottes Amun befand und wo dessen Statue aufbewahrt wurde

Karneol: roter Edelstein, besonders beliebt als Schmuckstein für Ohrringe und Ketten

Kohl: Augenschminke, die aus gemahlener Kohle hergestellt wurde

Lapislazuli: blauer Edelstein

Lotus: Wasserpflanze, deren Blüten und Knospen in Ägypten symbolische Bedeutung besaßen

Luxor: Tempelanlage Thebens. Während des Opetfestes wurde die Amunstatue in einem festlichen Umzug von Karnak nach Luxor gebracht.

Maja: oberster Schatzmeister des Pharaos Tutenchamun

Malachit: grüner Edelstein, der fein gemahlen als Augenschminke benutzt wurde

Malkata: Palaststadt am westlichen Ufer Thebens, auch als „Palast der leuchtenden Sonne“ bekannt. Sie wurde von Tutenchamuns Großvater Amenophis III. erbaut.

Memphis: Stadt im Norden Ägyptens, die sich mit Theben die Rolle der Hauptstadt teilte

Mitanni: Staat im heutigen Gebiet des Irak

Myrre: Harz des Myrrebaums, das als Rauchmittel und zum Einbalsamieren verwendet wurde

Nekropole (Stadt der Toten): Gräber- und Tempelgebiet außerhalb eines Stadtzentrums

Nubien: Land südlich von Ägypten

Opetfest: Fest, das jährlich in Theben abgehalten wurde. Die Statue des Gottes Amun wurde in einer prachtvollen Prozession vom Tempel in Karnak nach Luxor gebracht. Die Priester verteilten Brot und Freibier an die Bevölkerung. Das Fest sollte das Band des Pharaos mit dem Gott Amun festigen.

Ostrakon (Plur. Ostraka): Tonscherben oder Steinsplitter, die als Schreibunterlage verwendet wurden. Ägyptische Schreiber benutzten Ostraka als Notiz- und Skizzenbücher, da sie billiger als Papyrus waren.

Papyrus: Schilfpflanze, die zur Herstellung von Seilen, Körben, Matten, Sandalen, vor allem aber des gleichnamigen Papiers verwendet wurde

Parfümkegel: siehe Salbkegel

Pharao: König Ägyptens, der das Reich als absoluter Herrscher regierte. Er trug den Namen „Sohn der Sonne".

Salbkegel: konisches Gebilde aus Salbe und Fetten, das während eines Gastmahls auf die Perücke oder das Haar eines Gastes gesetzt wurde. Im Laufe des Abends schmolz der Salbkegel und hinterließ einen intensiven Duft.

Schreiber: ägyptischer Beamter, der in der Verwaltung tätig war. Da nur ein kleiner Teil der Bevölkerung schreiben konnte, genoss dieser Beruf hohes Ansehen.

Schreibschatulle: längliches Holzkästchen, in dem ein Schreiber Pinsel und Tinte aufbewahrte

Senetspiel: ägyptisches Brettspiel. Es ist zwar bekannt, wie das Spielbrett aussieht, doch die Spielregeln sind nicht überliefert.

Skarabäus: Mistkäfer, der in Ägypten die Sonne und die Auferstehung der Toten verkörperte. Skarabäen aus Ton oder Edelsteinen waren beliebte Schutzamulette.

Stadt der Toten: siehe Nekropole

Sykomore: hoher Baum (bis zu 16 Meter) mit essbaren Früchten, den Eselsfeigen. Sein Holz wurde zum Bau von Särgen verwendet.

Theben: Stadt Oberägyptens, lange Zeit religiöse Hauptstadt des Neuen Reiches

Türkis: blaugrüner Edelstein

Tutenchamun: ägyptischer Pharao, der etwa zwischen 1334 und 1325 v. Chr. regierte. Er bestieg den Thron im Alter von neun Jahren und starb bereits mit 18 Jahren unter mysteriösen Umständen. Die Entdeckung seines Grabes gilt als der größte archäologische Fund des 20. Jahrhunderts.

Weihrauch: Baumharz, das beim Verbrennen einen aromatischen Duft entfaltet

Zeittafel

um 1550 v. Chr.	Beginn des Neuen Reiches
1550-1292 v. Chr.	18. Dynastie
1388-1350 v. Chr.	Amenophis III., Großvater Tutenchamuns, baut einen neuen Palast am Westufer Thebens und vergrößert die Tempel in Karnak und Luxor. Es ist das goldene Zeitalter Ägyptens.
1350-1334 v. Chr.	Amenophis IV. (Echnaton), vermutlich Tutenchamuns Vater, schafft alle alten Götter bis auf den Sonnengott Aton ab. Er gründet eine neue Religion, den Atonkult, und verlegt seinen Regierungssitz in die neu erbaute Hauptstadt Achetaton (Tell el-Armana).
1342 v. Chr.	Geburt Tutenchamuns, der sich zunächst Tutanchaton nennt. Tutanchaton wächst im Palast in Achetaton auf.
1334 v. Chr.	Tod Echnatons. Semenchkare, Tutanchatons Halbbruder, regiert für kurze Zeit.
1334 v. Chr.	Krönung Tutanchatons. Tutanchaton heiratet Prinzessin Anchesenpaaton, seine Halbschwester.
1333 v. Chr.	Umzug des königlichen Paares von Achetaton in die alten Hauptstädte Theben und Memphis

1332 v. Chr.	Namensänderung von Tutanchaton zu Tutenchamun und Anchesenpaaton zu Anchesenamun. Wiederherstellung der alten Religion und Renovierung der vernachlässigten Tempel. Theben wird wieder religiöse Hauptstadt des Reiches.
1325 v. Chr.	Tod Tutenchamuns. Er wird im Tal der Könige bestattet.
1325-1321 v. Chr.	Eje, oberster Minister und ehemaliger Stellvertreter Tutenchamuns, wird Pharao.
1321-1293 v. Chr.	Haremhab, oberster Heerführer Tutenchamuns, wird letzter Pharao der 18. Dynastie.
1922	Howard Carter entdeckt das Grab Tutenchamuns im Tal der Könige.

Die Lebensdaten von Tutenchamun sind umstritten, ebenso seine verwandtschaftlichen Beziehungen.

Tutenchamuns Leben

Tutenchamun wurde ungefähr um 1342 v. Chr. unter dem Namen Tutanchaton geboren. Es wird vermutet, dass er ein Sohn von Echnaton und dessen Nebenfrau Kija war, was jedoch nicht gesichert ist. Tutanchaton wurde in einer unruhigen Zeit geboren, denn sein Vater hatte kurz zuvor alle traditionellen Götter abgeschafft. Ägypter durften nur noch Aton, die Sonnenscheibe, anbeten, was im Lande große Unzufriedenheit schuf. Aton zu Ehren ließ Echnaton sogar eine neue Hauptstadt, das heutige Tell el-Amarna, errichten und seinen Hofstaat dorthin verlegen. Der kleine Tutanchaton wuchs im dortigen Palast mit seinen Geschwistern und anderen adeligen Kindern auf. Er wurde im Schreiben unterrichtet, lernte Bogenschießen und wurde allgemein auf seine zukünftigen Pflichten als Pharao vorbereitet. Nach Echnatons Tod bestieg zunächst Semenchkare, vermutlich ein Halbbruder des Prinzen, den Thron. Doch seine Regierungszeit war nur kurz, und nur wenig später übernahm der damals neunjährige Tutanchaton das Amt des Herrschers.

Da Tutanchaton anfangs noch sehr unerfahren und jung war, wurden wichtige Entscheidungen von seinem obersten Minister Eje und seinem obersten Heerführer Haremhab getroffen. Auch Maja, sein Schatzmeister, stand ihm oft hilfreich zur Seite. Vermutlich waren es diese Männer, die den jungen Tutanchaton dazu veranlassten, die alten Götter wieder einzuführen und die Regierung zurück nach Memphis und Theben zu verlagern. Um seine Position als Pharao zu festigen, heiratete der Junge seine Halbschwester Anchesenpaaton. Kurz darauf änderten die beiden zu Ehren der alten Staatsgottheit Amun ihre Namen in Tutenchamun und Anchesenamun. In den folgenden Jahren ließ Tutenchamun die Tempel Thebens restaurieren und stellte die Ruhe und Ordnung im Land wieder her. Ansonsten ist von seiner kurzen, nur etwa neun Jahre dauernden Regierungszeit wenig überliefert. Er starb im Alter von 18 Jahren auf bisher ungeklärte Weise.

Im Tal der Könige

Am 4. November 1922 machte der englische Ägyptologe Howard Carter die größte archäologische Entdeckung des Jahrhunderts. Bei Grabungen im Tal der Könige stießen seine Arbeiter auf mehrere verschüttete Stufen. Es dauerte eine Weile, bis Carter und seine Männer das Geröll und den Sand auf die Seite geschafft hatten. Schließlich erreichten sie eine versiegelte Tür, hinter der ein Gang zu einer zweiten versiegelten Tür hinabführte. Neugierig brach Carter eine kleine Öffnung in die Mauer, hielt eine Lampe an das Loch und spähte in die Kammer. Es verschlug ihm die Sprache!

Im Lichtstrahl konnte er die kostbarsten Schätze erkennen. Einen goldenen Thron, vergoldete Liegen und Streitwagen, bemalte Truhen, Alabastervasen und im Hintergrund zwei Statuen, die eine weitere versiegelte Tür bewachten. Die folgenden Wochen verbrachten Carter und sein Team damit, die Kammer auszuräumen und die Gegenstände zu katalogisieren. Sie bargen dabei unzählige Kostbarkeiten, die einen großartigen Einblick in das Alltagsleben von vor mehr als 3000 Jahren boten. Da gab es Kleidung, Schuhe, Lebensmittel, Schreibutensilien und vieles mehr. Mit dem Öffnen der versiegelten Tür mussten sie bis zum Februar des folgenden Jahres warten.

In der Anwesenheit mehrerer geladener Gäste war es dann endlich so weit. Carter durchbrach den Eingang zur Seitenkammer. Als er den goldenen Schrein im Lampenlicht funkeln sah, war ihm sofort klar, dass es sich hier um die Grabkammer eines Pharaos handeln musste. Im ersten Schrein kam ein weiterer zum Vorschein, danach noch einer, gefolgt von einem Sarkophag. Erst nach mehreren Monaten mühevoller Arbeit gelangte Carter schließlich an den innersten Sarg. Doch seine Mühe wurde belohnt: Er hatte die Mumie Tutenchamuns gefunden.

Bis zu dieser unglaublichen Entdeckung war Tutenchamun weitgehend unbekannt gewesen. Zwar hatten Ägyptologen seinen Namen gekannt, doch wer er genau gewesen war und welche Rolle er in Ägyptens Geschichte gespielt hatte, war in Vergessenheit geraten.

Bei ersten, genaueren Untersuchungen der Mumie wurden Verletzungen am Schädel Tutenchamuns festgestellt. Spätere Röntgenaufnahmen, die einen Knochensplitter in der Stirnhöhle des Pharaos zeigten, bestätigten diesen Befund. Seitdem haben Wissenschaftler immer wieder versucht, die geheimnisvollen Umstände seines frühen Todes zu klären. Dabei haben nicht nur Ägyptologen Interesse an dem Fall gezeigt, sondern auch Kriminalbeamte und FBI-Spezialisten.

Die Experten vermuten, dass die Verletzung entweder von einem Sturz auf den Hinterkopf oder aber auch von einem heftigen Schlag stammen könnte.

Eine der zahlreichen Theorien ist, dass Tutenchamun bei einem Jagdausflug vom Streitwagen fiel und sich dabei tödlich verletzte. Andere Wissenschaftler sind überzeugt, dass jemand den Pharao mit einem Schlag auf den Kopf ermorden wollte. Tatverdächtige gibt es reihenweise. Da ist beispielsweise Tutenchamuns Berater Eje: Er strebte nach Macht und folgte gleich nach dem Tod Tutenchamuns auf dessen Thron. Auch Heerführer Haremhab könnte infrage kommen: Er ernannte sich nach Ejes Tod zum Pharao. Außerdem versuchte er, Tutenchamuns Namen auszulöschen, indem er ihn aus fast allen Inschriften meißeln ließ und durch seinen eigenen ersetzte. Andere Experten sind der Meinung, dass er die Schädelverletzungen erst nach dem Tod, bei der Mumifizierung, erlitten hat und der junge Pharao zuvor vergiftet worden war. Neueste Untersuchungen der Mumie haben ergeben, dass der Pharao an einer Krümmung der Wirbelsäule litt und dadurch vermutlich gehbehindert und kränklich war. Doch ob Unfall, Krankheit oder Mord, keine dieser Theorien ließ sich bisher beweisen, und Tutenchamuns Leben und Tod werden die Forscher auch in Zukunft noch vor viele Fragen stellen.

Das Grab Tutenchamuns

Die Totenmaske Tutenchamuns ist aus Goldblech, Buntglas, Karneol und Lapislazuli gefertigt. Sie wiegt über 10 kg.

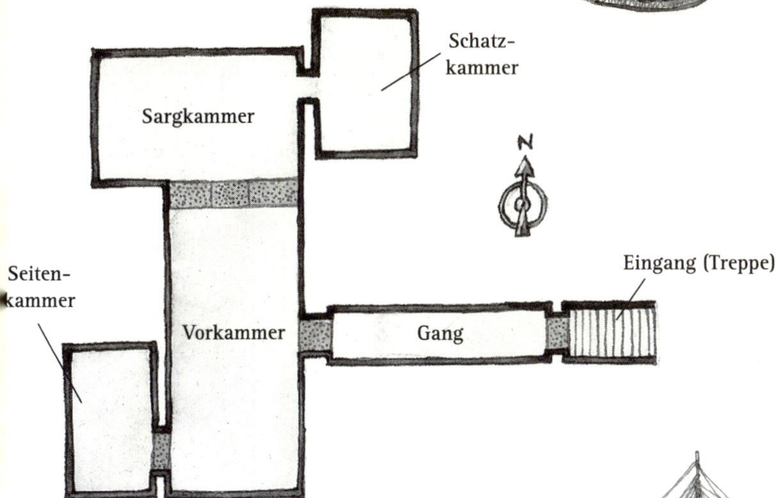

Im Grab Tutenchamuns fanden sich 16 Schiffsmodelle. Sie waren für Fahrten des Pharaos im Jenseits gedacht.

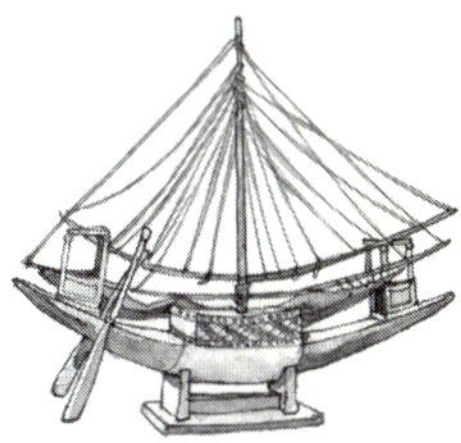

Da die alten Ägypter annahmen, dass der Pharao im Jenseits schwere Arbeit verrichten müsste, legten sie ihm Dienerfiguren *(Uschebti)* ins Grab. Die sollten ihm beistehen.

Renée Holler, Jahrgang 1956, studierte Ethnologie und arbeitete zunächst als Buchherstellerin, bevor sie auf Reisen rund um die Welt ging. Seit 1992 lebt sie mit ihrem Mann und ihren zwei Kindern in England, wo sie schreibt und übersetzt.

Daniel Sohr, Jahrgang 1973, wurde in Tübingen geboren. Aus einer Künstlerfamilie stammend, hat er schon als Kind die Stifte seiner Mutter dazu benutzt, eigene Bilder zu malen. Heute ist das Skizzenbuch sein ständiger Begleiter, damit er auch unterwegs keine seiner Ideen vergisst.

TATORT
GESCHICHTE

Historische Ratekrimis

Geschichte erleben und verstehen!

Loewe